loisirs créatifs
Cuisine créative

Émilie et Aurélie Ceschia
créatrices de Bulle de Sucre

Le monde magique des gâteaux en pâte à sucre

CreaPassions
.com

CreaPassions.com
the place to be !

Le site des loisirs créatifs

Retrouvez tous nos ouvrages creapassions.com sur www.creapassions.com

■ recevez gratuitement notre astuce du jour ■ suivez l'actualité de nos ouvrages
■ et suivez toutes nos collections

Éditrice : Emmanuelle PROT
Tél. : 06 14 19 44 21 / Email : eprot@creapassions.com
Réalisation maquette :
Vitrac & Son Publishing

ISBN 978-2-8141-0270-5
Vitrac & Son Publishing Ltd
11 Welbeck Street
London WIG 9XZ - United Kingdom
www.vitracandson.co.uk

La conception et l'impression des ouvrages sont 100% "made in Europe". Tous les papiers utilisés répondent aux normes européennes, nos imprimeurs ont des unités de production modernes et respectant les contraintes environnementales. Notre choix a également un impact direct sur l'emploi en Europe.

100% fabriqué en Europe

Sommaire

Avant-Propos

Emilie et Aurélie, deux sœurs, toutes deux passionnées de pâtisserie depuis de nombreuses années ont décidé de créer en 2012, l'univers de Bulle de Sucre, une boutique gourmande et festive.

C'est au cours d'un de leurs nombreux voyages, sur les blogs anglo-saxons qu'elles découvrent un art à part entière, celui des « gâteaux décorés » et des « Sweet tables ».

Les deux sœurs se rendent vite compte qu'en France le nécessaire pour pouvoir exercer leur passion n'était pas ou très peu accessible. Elles entreprennent donc de parcourir le monde à la recherche des produits essentiels à l'élaboration de jolies pâtisseries ainsi que des accessoires festifs pour agrémenter des « sweet tables » qui mettront en avant une décoration toute en concordance et gourmandise.

Le concept de leur boutique est avant tout de vous ouvrir les portes d'un univers doux et gourmand, afin que vous puissiez découvrir tout le matériel nécessaire pour faire de vos fêtes un moment unique et magique car leur but est avant tout d'allier le beau et le bon.

Ce sont ces deux passions communes que ces deux sœurs ont voulu partager avec vous à travers cet ouvrage dédié à l'univers de la pâtisserie créative.

Elles ont souhaité vous faire découvrir l'univers du « cake design » et des « sweet tables » à travers la thématique des contes qui est un thème qui leur tient tout particulièrement à cœur car sans une part de féérie tous nos rêves gourmands ne seraient pas réalisables !

Bulle de Sucre

Qu'est-ce que *la pâte à sucre ?*

La pâte à sucre est une pâte comestible très malléable qui vous permettra de recouvrir vos gâteaux et de créer de jolies décorations qui agrémenteront toutes vos réalisations. Pour résumer, c'est un peu la pâte à modeler des grands gourmands.

Cette pâte se compose principalement de sucre, de sirop de glucose, d'huile végétale, de glycérine et parfois d'arômes pour les pâtes aromatisées. La pâte à sucre se trouve surtout dans les commerces spécialisés mais il est tout à fait possible de la réaliser soi-même.

La question la plus fréquente se rapportant à la pâte à sucre est : n'est-ce pas trop sucré ?
La pâte à sucre que nous trouvons dans le commerce a un goût légèrement sucré. En fonction de l'épaisseur de la pâte qui sera utilisée pour recouvrir votre gâteau ce goût sera plus ou moins prononcé.

Ce type de pâte est parfait pour recouvrir les pâtisseries, les supports à gâteaux et laisser libre court à votre imagination.

Afin de pouvoir découvrir l'univers de la pâte à sucre, il vous faudra un minimum de matériel.
Voici quelques incontournables :

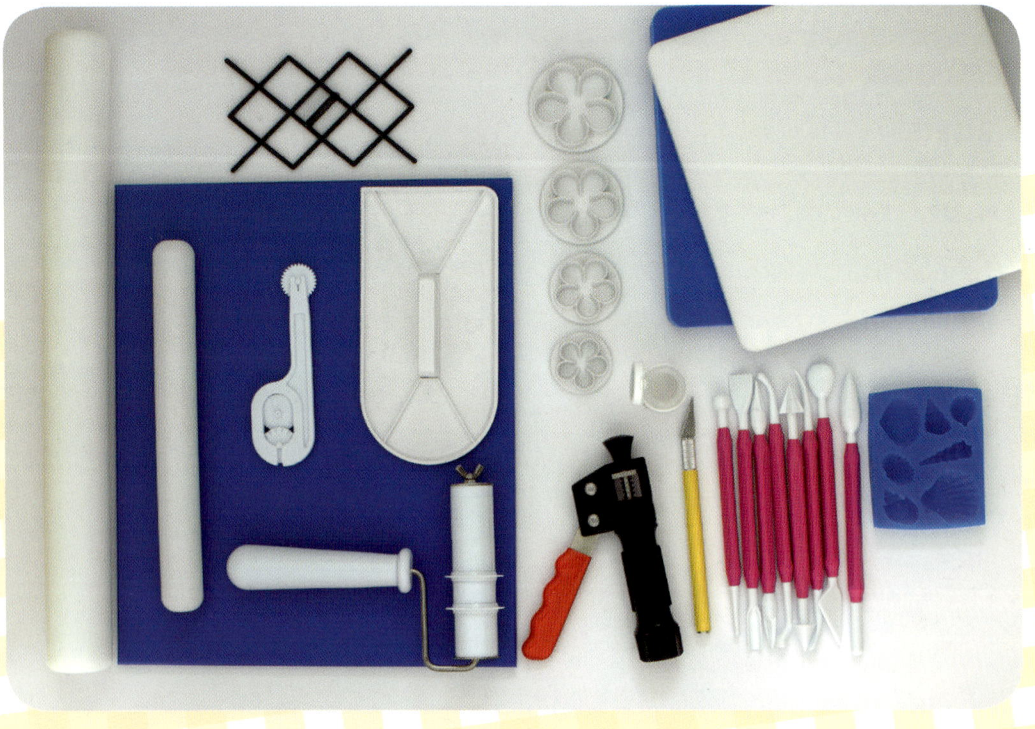

- Un grand rouleau en silicone pour étaler la pâte à sucre qui servira à recouvrir votre gâteau
- Un petit rouleau pour étaler de petites quantités de pâte à sucre pour vos éléments de décoration
- Une petite roulette
- Une roulette de découpe pour avoir des bandes régulières
- Un lisseur
- Un plateau en silicone
- Des emporte-pièces
- Un support en mousse
- Un pistolet à pâte à sucre
- Un set d'outils de modelage
- Des embosseurs
- Des moules en silicone

Après chaque utilisation, emballez la pâte à sucre dans du film alimentaire. Pour la conserver plus longtemps, placez votre pâte à sucre emballée dans une boite hermétique et rangez-la dans un endroit sec et à l'abri de la lumière. Elle se conservera ainsi pendant au moins deux mois. Au moment de la réutiliser, il vous suffira simplement de bien la malaxer pour lui redonner de la souplesse et toute son élasticité.

Il existe différents types de pâte à sucre, la pâte à sucre « Gumpaste » ou « à fleur », comme son nom l'indique est conseillée pour être utilisée lors de la confection de fleurs en pâte à sucre. Elle est idéale pour ce type de modelage car elle peut être étalée très finement et elle a comme principale propriété un temps de séchage rapide.

Quant à la pâte à sucre dite « Sugar Dough », elle est idéale pour tous types de modelages comme les personnages. Elle possède également comme particularité un temps de séchage rapide mais sans durcir. Ainsi, elle restera tendre lors de la dégustation.

Quelle quantité de pâte à sucre pour mon gâteau ?

Les quantités indiquées correspondent à des gâteaux ayant une hauteur d'environ 10 cm.

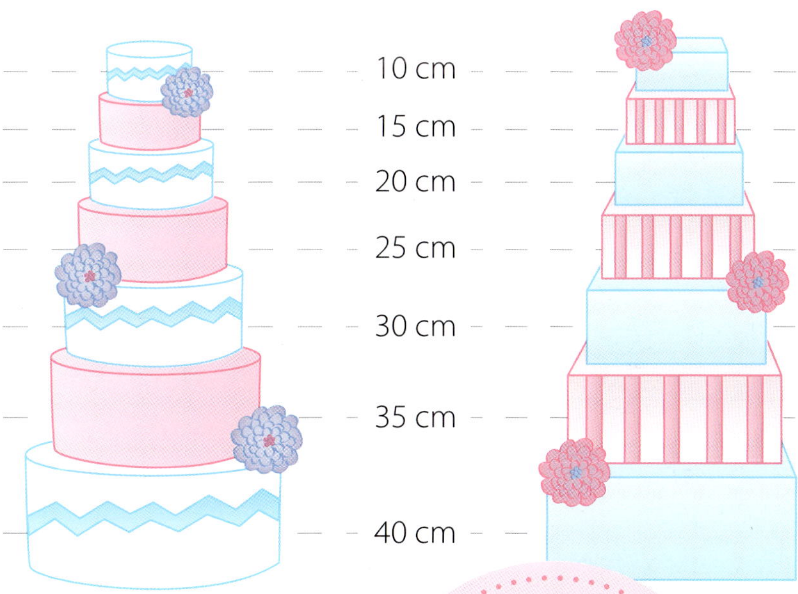

Gâteau rond		*Gâteau carré*
500 g	10 cm	750 g
750 g	15 cm	1 kg
1 kg	20 cm	1.25 kg
1.5 kg	25 cm	1.75 kg
2 kg	30 cm	2.25 kg
2.5 kg	35 cm	2.75 kg
3 kg	40 cm	3.25 kg

astuce

Afin d'atténuer ce goût sucré, pensez à minimiser l'ajout de sucre dans la préparation de votre gâteau.

Et si on y mettait *de la couleur ?*

Il existe différents colorants pour donner de la couleur à vos créations. On ne sait pas toujours quel colorant utiliser, pour quelle préparation, tout ça est un peu compliqué pour vous ? Voici quelques indications qui vous seront utiles.

Tout d'abord, il existe 3 types de colorants dans le commerce :

Le colorant en poudre

Il va vous permettre de teinter votre préparation mais vous pourrez aussi décorer vos réalisations en le mettant au pinceau ou au doigt sur la surface de vos modelages en pâte à sucre par exemple. Avec sa texture poudre, il s'incorpore parfaitement à votre appareil sans le liquéfier, il est conseillé pour colorer les coques de macarons. En règle générale, une petite pointe de couteau suffit à donner de la couleur à votre préparation car ils ont une très forte concentration.

Le colorant liquide

Ce colorant est fabriqué à base d'eau, il est donc très fluide et permet aussi de teinter toutes vos préparations. Avec la cuisson, il y a un risque d'atténuation de la couleur. Ce type de colorant s'utilise aussi à l'aérographe pour décorer vos gâteaux.

Le colorant en gel

Ce type de colorant est très utilisé pour colorer tous types de pâte comme la pâte à sucre. Il possède un très fort pouvoir colorant et est très simple d'utilisation. Il vous suffira de mettre une pointe de votre colorant sur votre pâte puis de la malaxer afin qu'elle prenne la couleur souhaitée.

La peinture alimentaire

Vous la trouverez sous forme de petit flacon, elle vous permettra de réaliser de vrais chefs-d'œuvre gourmands, soit au pinceau, soit avec une éponge alimentaire.

Le feutre alimentaire

Il vous permettra d'écrire et de dessiner sur vos créations gourmandes. Petit conseil, laissez sécher votre pâte à sucre afin qu'elle durcisse avant de vous lancer car sinon la pointe du feutre risquerait de transpercer la pâte.

Le spray alimentaire

Le spray vous permet de mettre de la couleur sur vos réalisations uniformément.

Pour ne pas *en perdre une miette*

C'est souvent compliqué de choisir la dimension du gâteau...

C'est pour cela que nous vous proposons un petit mémo qui vous permettra de déterminer quelle dimension de gâteau vous conviendra le mieux en fonction du nombre de vos invités. Ce tableau n'est qu'une indication, le nombre de parts pouvant varier en fonction de la hauteur du gâteau.

Les quantités indiquées correspondent à des gâteaux ayant une hauteur d'environ 10 cm.

Gâteau rond		*Gâteau carré*
6/8 parts	10 cm	8/10 parts
10/12 parts	15 cm	12/15 parts
20/25 parts	20 cm	25/30 parts
30/40 parts	25 cm	40/50 parts
45/55 parts	30 cm	60/70 parts
60/70 parts	35 cm	80/90 parts
75/85 parts	40 cm	90/100 parts

SOS pâte à sucre en danger

Réaliser de jolis gâteaux en pâte à sucre sans imperfection demande de l'entraînement et quelques heures de pratique. Voici ici quelques conseils.

Ma pâte à sucre se déchire

Il peut arriver que la pâte à sucre se déchire ou craquelle sur les bords de votre gâteau.

Raison n° 1 : Votre pâte à sucre n'a pas été assez « travaillée » afin de lui donner toute son élasticité. Avant d'utiliser votre pâte à sucre, il convient de la malaxer quelques instants afin qu'elle devienne élastique pour pouvoir l'étirer parfaitement.

Raison n° 2 : La pâte à sucre a été étalée trop finement et lors de l'étirement celle-ci va se déchirer. Soit elle est trop épaisse et sous l'effet de son poids vous pourrez observer des craquelures ou des déchirements. Pour éviter tous risques, étalez-la sur une épaisseur d'environ 5 mm.

Raison n° 3 : Si vous utilisez trop de sucre glace lorsque vous travaillez votre pâte, celle-ci peut devenir friable et donc favoriser les déchirures.

Ma pâte à sucre a fondu ou a des trous à certains endroits

Ce phénomène arrive dans la plupart des cas lorsque la pâte à sucre a été en contact direct avec de l'humidité. La pâte à sucre craint le froid et l'humidité, il ne faut donc pas entreposer votre gâteau dans votre réfrigérateur mais plutôt dans un endroit sec et frais. C'est également pour cela qu'il est conseillé d'éviter de garnir vos gâteaux d'ingrédients frais. Préférez une garniture cuite comme de la confiture, de la ganache, de la pâte à tartiner pour garnir vos réalisations plutôt que de la mousse ou de la crème pâtissière.

Ma pâte n'est pas lisse en surface

Raison n° 1 : Il peut y avoir des trous d'air qui se sont formés sous la pâte à sucre. Pour cela, chassez-les à l'aide de votre lisseur à pâte à sucre ou alors vous pouvez également avec une aiguille à couture percer délicatement la surface de cette bulle et ainsi pouvoir en extraire l'air.

Raison n° 2 : La surface de votre gâteau n'était pas totalement lisse avant d'y mettre votre pâte à sucre. Il faut toujours au préalable enduire votre gâteau d'une couche de ganache, de crème au beurre, de confiture ou de pâte à tartiner à l'aide d'une spatule afin de pouvoir donner un aspect lisse à votre gâteau et permettre à votre pâte à sucre d'adhérer. Vous pourrez ensuite aisément étaler votre pâte à sucre sans qu'il y ait un aspect disgracieux. Vous pouvez également, comme il en est coutume dans les pays anglo-saxons, mettre une première couche de pâte d'amande, puis une seconde couche de pâte à sucre afin d'avoir un rendu impeccable.

Mes décorations se décollent

Chez Bulle de Sucre nous n'utilisons et conseillons que de la colle alimentaire pour coller vos décorations. Il est tout à fait possible de mettre un petit peu d'eau à l'endroit où vous souhaitez coller vos créations mais la colle vous assurera une plus longue tenue dans le temps et une fixation rapide. De plus, certaines décorations en pâte à sucre sont lourdes, il faut donc parfois les laisser sécher en glissant des petits supports en dessous, le temps que la colle alimentaire sèche complètement.

Ma pâte à sucre est trop collante

Ajoutez un peu de sucre glace sur votre pâte à sucre puis malaxez jusqu'à absorption. Attention n'en mettez pas trop au risque de dessécher complètement votre pâte et de la rendre friable.

Petit rappel *de conversion*

Parce que c'est toujours utile d'avoir un petit « pense-bête » !

Tableau de conversion					
Litre (l)	Décilitre (dl)	Centilitre (cl)	Millilitre (ml)	Kilogramme (kg)	Gramme (gr)
1	10	100	1000	1	1000
0,5	5	50	500	0,5	500
0,25	2,5	25	250	0,25	250

Tableau de conversion Inch/Cm 1 inch = 2.54 cm	
INCH	CM
4	10,16
6	15,24
8	20,32
10	25,4
12	30,48
14	36,56
16	40,64

Les Pas à Pas

De la préparation à la décoration...

1 Les gâteaux

C'est souvent la pièce maitresse de vos évènements, en passant du « wedding-cake » de votre mariage au gâteau d'anniversaire, à l'élément incontournable de votre « sweet table ».

Découvrez toutes nos recettes et nos astuces pour réaliser un gâteau époustouflant.

matériel

- Un moule à gâteau
- Un support à gâteau
- Des colorants : en poudre, en gel, liquide
- De la pâte à sucre
- Des arômes
- Un rouleau en silicone
- Un tapis en silicone
- Une spatule
- Un lisseur
- De la colle alimentaire
- Un pinceau
- L'outil « couteau »
- Des bâtonnets

Les recettes

Pour réaliser vos gâteaux en pâte à sucre, privilégiez des gâteaux assez résistants car le gâteau doit pouvoir supporter le poids de la pâte et de la décoration sans s'affaisser. Voici quelques recettes de gâteaux conseillés.

Recette de la génoise

(8/10 personnes)

ingrédients

- 200 g de farine
- 125 g de sucre
- 5 œufs
- 1 sachet de levure chimique
- 1 cuillère à soupe d'extrait de vanille

Préparation

Préchauffez votre four à 180° (therm. 6).

Avec un pinceau, chemisez votre moule à gâteau avec du beurre fondu et un peu de farine.

Dans un récipient, mélangez la farine et la levure chimique puis réservez.

Dans la cuve de votre robot ou avec un batteur électrique, battez à vitesse moyenne, les œufs, le sucre et l'extrait de vanille jusqu'à ce que le mélange triple de volume.

Incorporez délicatement, le mélange farine/levure chimique à la préparation.

Versez ensuite la préparation dans le moule à gâteau chemisé puis enfournez pendant 30 min selon votre four.

Laissez refroidir avant de démouler.

Recette du gâteau au yaourt

(8/10 personnes)

ingrédients

- 12 g de levure chimique
- 2 pots de yaourt nature
- 1 pot d'huile
- 4 pots de sucre
- 6 pots de farine
- 4 œufs
- Quelques zestes de citron

Préparation

Préchauffez votre four à 180° (therm. 6).

Avec un pinceau, chemisez votre moule à gâteau avec du beurre fondu et un peu de farine.

Dans un récipient mélangez la levure, le yaourt, l'huile, le sucre, la farine tamisée, les œufs puis les zestes de citron. Veillez à bien incorporer chaque élément un à un à la préparation avant d'ajouter les autres.

Versez ensuite la préparation dans le moule à gâteau chemisé puis enfournez pendant 30 min selon votre four.

Laissez refroidir avant de démouler.

astuce

Pour une génoise au chocolat, ajoutez 40 g de cacao en poudre non sucré.

Recette du sponge cake

(8/10 personnes)

ingrédients

- 4 œufs
- 120 g de farine
- 120 g de sucre
- 3 g de levure chimique
- 1 gousse de vanille

Préparation

Préchauffez votre four à 160° (therm. 5).

Avec un pinceau, chemisez votre moule à gâteau avec du beurre fondu et un peu de farine.

Dans un récipient mélangez la levure chimique et la farine que vous aurez préalablement tamisée, puis réservez.

Dans un autre récipient ou dans la cuve de votre robot, disposez vos blancs d'œufs avec une pincée de sel et réservez les jaunes.

Montez vos blancs d'œufs en neige, puis incorporez-y peu à peu le sucre et les jaunes d'œufs.

Grattez votre gousse de vanille afin d'en extraire les graines et ajoutez-les à la préparation.

Ajoutez ensuite le mélange farine/levure chimique en mélangeant délicatement.

Versez ensuite la préparation dans le moule à gâteau chemisé puis enfournez pendant 20 min selon votre four.

Laissez refroidir avant de démouler.

Recette du madeira cake

(8/10 personnes)

ingrédients

- 4 œufs
- 200 g de beurre à température ambiante
- 200 g de sucre
- 275 g de farine avec levure incorporée

Préparation

Préchauffez votre four à 160° (therm. 5).

Avec un pinceau, chemisez votre moule à gâteau avec du beurre fondu et un peu de farine.

Mélangez avec votre robot ou votre batteur électrique, à vitesse moyenne, le beurre coupé en morceaux et le sucre jusqu'à ce que le mélange blanchisse et devienne crémeux.

Ajoutez-y un à un les œufs.

Puis incorporez délicatement la farine.

Versez ensuite la préparation dans le moule à gâteau chemisé puis enfournez pendant 1 h selon votre four.

Laissez refroidir avant de démouler.

Une fois que vous avez réalisé la base de gâteau souhaité, coupez le gâteau obtenu afin d'obtenir différentes couches. Garnissez ces couches à l'aide d'une garniture cuite comme de la ganache, du lemon curd, de la pâte à tartiner, des confitures, de la crème au beurre aromatisée... N'hésitez pas à jouer avec les couleurs et les saveurs.

Recette de la ganache au chocolat noir

ingrédients

- 240 g de pistoles de chocolat noir
- 160 g de beurre
- 60 g de crème épaisse

Préparation

Faites fondre au bain marie sur feu doux, le chocolat, le beurre et la crème épaisse.

Laissez refroidir et réservez au réfrigérateur.

Une fois votre ganache froide, sortez-la du réfrigérateur mettez-la dans la cuve de votre robot puis battez-la une minute afin de lui rendre sa souplesse pour faciliter son utilisation.

Recette de la ganache au chocolat blanc

ingrédients

- 100 g de crème liquide
- 300 g de chocolat blanc

Préparation

Faites fondre au bain marie le chocolat blanc et la crème liquide puis réservez au frais avant utilisation.

Une fois votre ganache froide, sortez-la du réfrigérateur puis battez-la une minute afin de lui rendre sa souplesse pour faciliter son utilisation.

astuce

Aromatisez votre ganache au chocolat blanc ou votre crème au beurre avec différents arômes.

Recette de la crème au beurre à la meringue italienne

ingrédients

- 3 jaunes d'œufs
- 120 g de sucre semoule
- 50 g d'eau
- 180 g de beurre mou

Pour la meringue italienne :

- 20 g d'eau
- 50 g de sucre semoule
- 1 blanc d'œuf
- 12 g de sucre semoule

Préparation

Réalisez le sirop en portant à ébullition (environ 118°C) 20 g d'eau et 50 g de sucre.

Lorsque la température de votre sirop avoisine les 112°C, battez à pleine vitesse dans un récipient, le blanc d'œuf, puis ajoutez-y 12 g de sucre jusqu'à obtention d'un mélange mousseux.

Une fois que le sirop atteint 118°C, versez-le sur le mélange blanc d'œuf/sucre précédent et continuez à battre quelques minutes puis réservez.

Dans un récipient, fouettez 3 jaunes d'œufs. Parallèlement, portez à nouveau à ébullition (118°C) 120 g de sucre et 50 g d'eau pour réaliser un sirop.

Versez le sirop sur vos jaunes d'œufs tout en continuant de battre jusqu'à obtention d'un mélange homogène, puis réservez.

Dans un récipient ou la cuve d'un robot, battez le beurre coupé en morceaux. Ajoutez-y délicatement le mélange, jaunes d'œufs/sirop précédent, puis la meringue italienne.

Réservez au froid et utilisez votre crème une fois celle-ci complètement refroidie.

Recette du lemon curd

ingrédients

- Le zeste de 3 citrons
- 10 cl de jus de citron
- 2 œufs
- 135 g de sucre
- 165 g de beurre

Préparation

Prélevez les zestes des citrons et hachez-les finement.

Faites chauffer au bain-marie les œufs, le sucre, les zestes et le jus de citron, jusqu'à atteindre un début d'ébullition.

Filtrez ensuite le mélange.

Une fois le mélange tiède, incorporez le beurre jusqu'à obtention d'une crème lisse et homogène.

Puis placez le tout au réfrigérateur pendant 2 h.

La décoration

Recouvrir un gâteau

Pour recouvrir votre gâteau en pâte à sucre, il vous faudra suivre différentes étapes :

Première étape : Préparez la surface de votre gâteau.
Une fois votre gâteau garni et refroidi, recouvrez-le d'une fine couche de garniture, lissez-le à l'aide d'une spatule. Cela permettra à la pâte à sucre d'adhérer plus facilement.

Deuxième étape : Étalez votre pâte à sucre sur votre plan de travail.
Avant toute chose, vous devez malaxer votre pâte à sucre pour la rendre élastique afin de pouvoir l'étaler sans difficulté et éviter tout déchirement lorsque vous devrez la déroulez sur votre gâteau. Il existe plusieurs façons d'étaler votre pâte à sucre. Tout d'abord si vous n'avez pas les ustensiles adéquats vous pouvez disposer du sucre glace ou de la maïzena sur votre plan de travail, cela évitera qu'elle n'accroche. Cependant, le risque que comporte cette méthode, est que la pâte à sucre absorbe le sucre glace et de ce fait devienne plus sèche et friable donc moins facile à manier. Il est donc conseillé d'utiliser des ustensiles en silicone qui vous permettront un travail de la pâte à sucre dans des conditions optimales.

Troisième étape : Déroulez votre pâte à sucre sur votre gâteau.
Une fois votre pâte à sucre étalée, enroulez-la autour de votre rouleau antiadhésif. Placez-la au-dessus de votre gâteau puis déroulez-la en prenant garde de laisser assez de pâte de chaque côté de votre gâteau.

Quatrième étape : Étirez votre pâte à sucre.
Tirez délicatement sur les extrémités de votre pâte à sucre tout en appuyant légèrement avec votre main sur le haut de la pâte pour la faire adhérer à votre gâteau en chassant tous les plis et les bulles d'air. Répétez cette opération tout autour du gâteau.

Cinquième étape : Lissez votre pâte à sucre pour chasser toute imperfection.
Lissez votre pâte à sucre à l'aide d'un lisseur pour pâte à sucre, puis coupez le surplus de pâte à la base du gâteau.

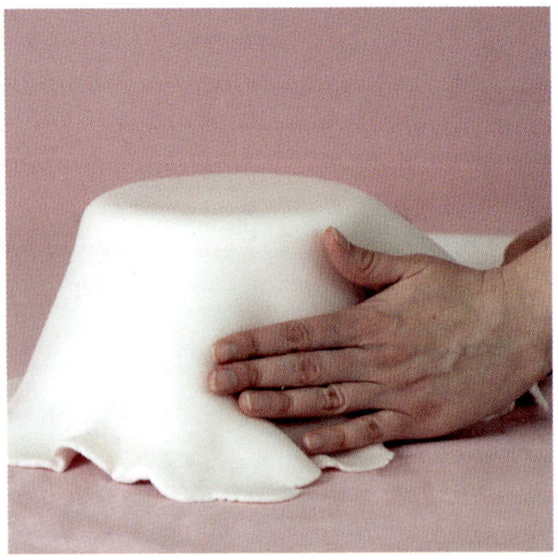

Recouvrir un support à gâteau

Pour recouvrir votre support à gâteau, étalez votre pâte à sucre en suivant le même principe que pour recouvrir votre gâteau.

Disposez au préalable un peu de ganache sur votre support ou une pointe de colle alimentaire afin de faire adhérer votre pâte à sucre.

Déroulez-la, puis lissez-la à l'aide d'un lisseur afin d'ôter toutes traces ou bulles d'air.

Coupez ensuite le surplus de pâte à l'aide de l'outil « couteau ».

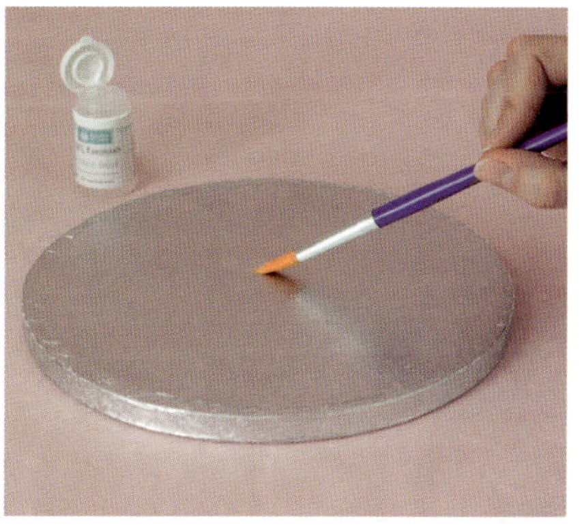

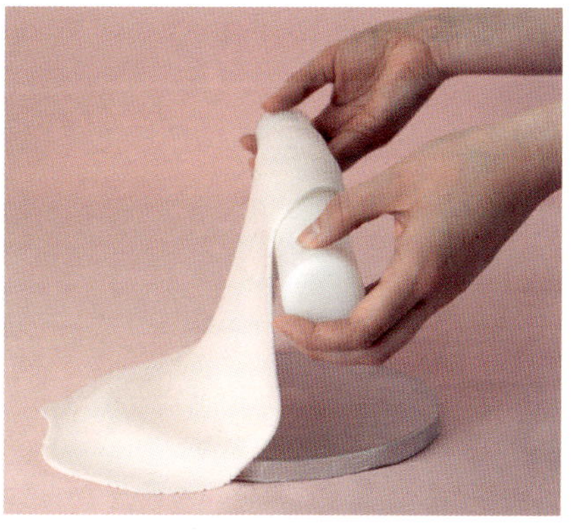

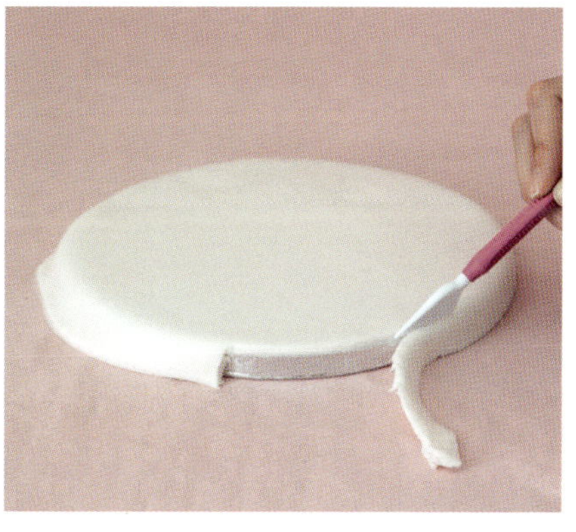

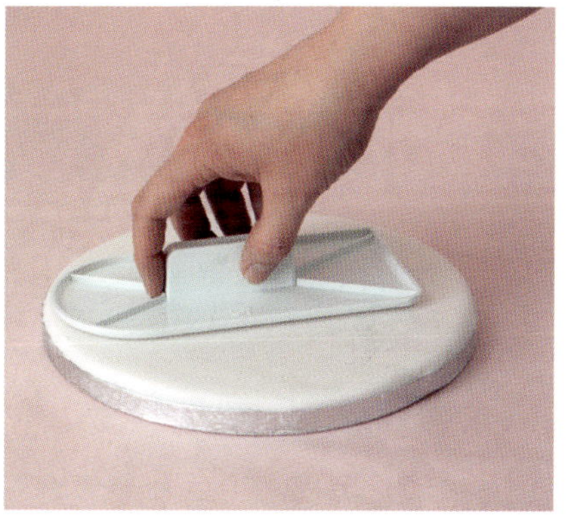

conseil

Nous vous conseillons d'étaler votre pâte entre 3 et 5 mm d'épaisseur pour avoir un rendu impeccable.

Réaliser un gâteau à étages

Afin de réaliser votre pièce montée et lui assurer une stabilité, insérez les bâtonnets au centre du gâteau servant de base.
Marquez la hauteur de coupe à l'aide d'un feutre alimentaire.
Retirez-les afin de les couper.
Replacez-les et mettez un peu de colle alimentaire avant de placer la base supérieure.

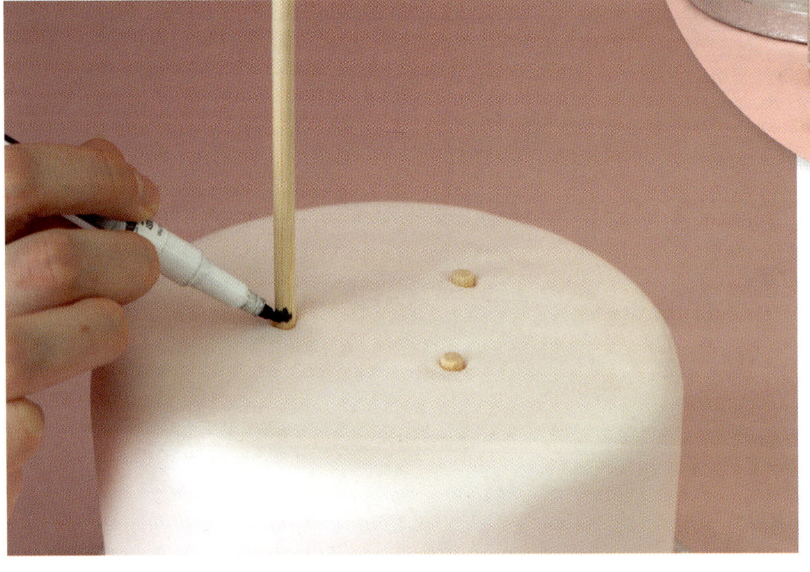

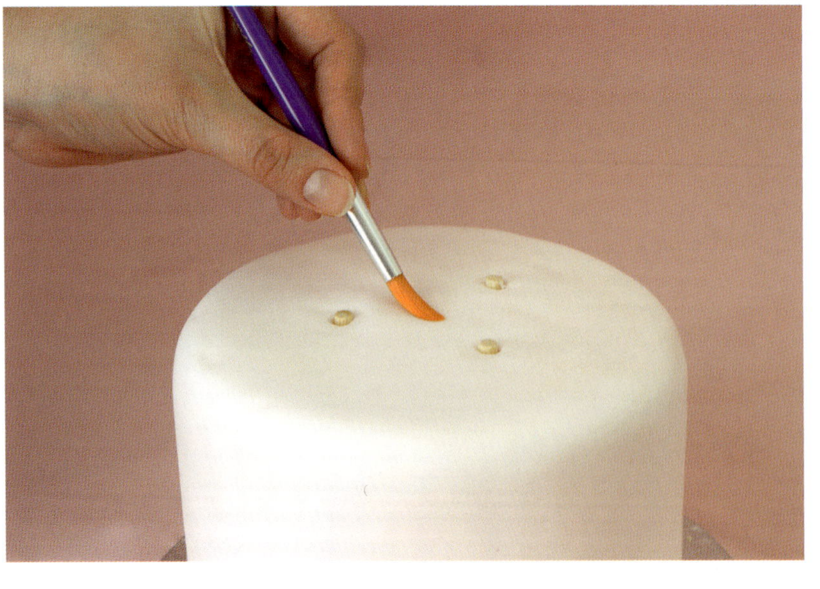

2 Les cupcakes

Ce sont des petits gâteaux parés de leurs plus belles caissettes surmontés d'une délicieuse ganache. C'est la plus répandue et connue des gourmandises anglo-saxonnes.

matériel

- Caissettes à cupcakes
- Moule à caissettes
- Douilles
- Poches à douilles
- Sucres à parsemer
- Colorants
- Décorations en sucre
- Paillettes alimentaires
- Pinceaux alimentaires
- Blanchisseur pour ganache

Les recettes

Recette du cupcake à la vanille

(15 cupcakes environ)

ingrédients

- 130 g de sucre
- 180 g de beurre mou
- 200 g de farine
- 4 œufs
- 1/2 cuillère à café de sel
- 1 cuillère à café de bicarbonate de soude
- 2 cuillères à café d'extrait de vanille
- 1 cuillère à soupe de poudre d'amande

Préparation

Préchauffez votre four à 180°C (therm. 6). Mélangez dans un récipient la farine, le sel et le bicarbonate de soude, puis réservez.

Dans un autre récipient fouettez le sucre, le beurre et l'extrait de vanille, jusqu'à ce que le mélange triple de volume. Tout en continuant de fouetter, ajoutez les œufs un à un. Ensuite petit à petit, ajoutez à la préparation, le mélange farine, sel et bicarbonate de soude. Pour finir ajoutez un peu de poudre d'amande.

Disposez des caissettes à cupcakes dans un moule spécial « cupcake » à 12 cavités pour que vos cupcakes aient une jolie forme, puis versez la préparation dans les caissettes jusqu'à mis hauteur.

Enfournez pendant 20 min et laissez-les refroidir avant de les décorer.

Recette du cupcake au chocolat

(15 cupcakes environ)

ingrédients

- 150 g de sucre
- 180 g de beurre mou
- 200 g de farine
- 50 g de chocolat noir
- 4 œufs
- 1/2 cuillère à café de sel
- 1 cuillère à café de bicarbonate de soude
- 1 cuillère à soupe de cacao non sucré

Préparation

Préchauffez votre four à 180°C (therm. 6). Mélangez dans un récipient la farine, le sel et le bicarbonate de soude, puis réservez.

Dans un autre récipient fouettez le sucre, le beurre et le cacao amer, jusqu'à ce que le mélange triple de volume.

Tout en continuant de fouetter, ajoutez les œufs un à un.

Ensuite petit à petit ajoutez à la préparation, le mélange farine, sel et bicarbonate de soude.

Ajoutez le chocolat fondu tout en continuant de remuer pendant 3 min.

Disposez des caissettes à cupcakes dans un moule spécial « cupcake » à 12 cavités pour que vos cupcakes aient une jolie forme, puis versez la préparation dans les caissettes jusqu'à mis hauteur.

Enfournez pendant 20 min et laissez-les refroidir avant de les décorer.

à savoir

Pour décorer vos cupcakes, retrouvez les recettes des ganaches à la page 17.

La décoration

Il existe plusieurs possibilités pour rendre vos cupcakes plus beaux les uns que les autres. Vous pouvez les décorer à l'aide de pâte à sucre. Dans ce cas, étalez votre pâte à sucre, puis avec un emporte-pièce rond de la dimension de votre cupcake découpez-la et placez-la sur le haut de votre cupcake à ras de votre caissette. Décorez-le à votre guise.

L'autre façon qui est aussi la plus connue est le cupcake avec ganache montée.
Voici un pas à pas qui vous permettra de mieux appréhender la technique.

Technique

Garnissez votre poche à douille avec votre ganache.
Placez-vous ensuite, verticalement au dessus du cupcake, déposez votre ganache en commençant par les bords extérieurs, puis remontez et le tour est joué !

3 Les sablés décorés

Les sablés décorés sont des petits biscuits réalisés à partir de différents emporte-pièces puis décorés avec de la pâte à sucre ou de la glace royale.

matériel

- Pâte à sucre
- Feutres alimentaires
- Emporte-pièces
- Pinceaux alimentaires
- Colle alimentaire
- Colorants
- Poche à douille
- Douilles
- Paillettes alimentaires
- Peintures alimentaires
- Glace royale
- Blanchisseur

Les recettes

Recette du sablé à la vanille bourbon

(20 sablés environ)

ingrédients

- 120 g de beurre mou
- 80 g de sucre glace
- 1 gousse de vanille bourbon
- 1 œuf
- 25 g de poudre d'amande
- 1 pincée de sel
- 200 g de farine

Préparation

Dans un récipient, disposez votre beurre mou coupé en morceaux, ajoutez-y dans l'ordre suivant le sucre glace, les graines de la gousse de vanille grattée, la poudre d'amande et le sel.

Veillez à bien incorporer chaque élément un à un à votre préparation avant d'ajouter le suivant.

Ajoutez ensuite l'œuf, mélangez à nouveau, puis ajoutez peu à peu la farine.

Une fois tous les éléments incorporés, formez une boule avec votre pâte et enveloppez-la dans du film alimentaire et laissez-la reposer au minimum 2 h au réfrigérateur.

Préchauffez le four à 180 °C (therm. 6).

Sortez votre pâte, puis disposez-la sur votre plan de travail préalablement fariné.

Étalez-la sur une épaisseur de 5 mm puis à l'aide d'emporte-pièces créez différentes formes.

Enfournez vos sablés pour une durée d'environ 12/15 min en fonction de votre four.

Sortez-les du four, laissez-les refroidir sur une grille avant de les décorer.

Recette du sablé à la noisette

(20 sablés environ)

ingrédients

- 125 g de sucre glace
- 125 g de beurre mou
- 250 g de farine
- 1 œuf
- 50 g de poudre de noisette
- Quelques gouttes d'arôme de noisette

Préparation

Dans un récipient mélangez le beurre, le sucre glace et l'œuf entier.

Ajoutez la poudre de noisette, la farine et l'arôme de noisette.

Mélangez jusqu'à former une boule compacte et bien lisse.

Placez la pâte dans du film alimentaire et mettez-la au réfrigérateur pendant une heure.

Préchauffez le four à 180 °C (therm. 6).

Sortez votre pâte du réfrigérateur et étalez-la sur une épaisseur d'environ 5 mm sur un plan de travail fariné. À l'aide d'emporte-pièces, découpez votre pâte puis placez vos formes de pâte sur une plaque recouverte de papier sulfurisé. Enfournez le tout pendant 12 min.

Laissez tiédir avant de décorer.

astuce

Multipliez les goûts de vos petits sablés en y ajoutant des arômes.

La décoration

Recette de la glace royale et conservation

Vous pouvez décorer vos sablés de deux façons, soit avec de la glace royale maison ou industrielle, soit à l'aide de pâte à sucre, pâte d'amande ou pâte à chocolat. La première méthode nécessite un peu de pratique, la seconde, est beaucoup plus simple et ludique pour un moment de partage et de créations avec vos enfants.

Recette de la glace royale

ingrédients

- 1 blanc d'œuf
- 250 g de sucre glace tamisé
- Quelques gouttes de jus de citron

Préparation

Tamisez votre sucre glace afin d'éviter toute imperfection sur la surface de votre glaçage.
Incorporez peu à peu le sucre glace dans votre blanc d'œuf.
Afin d'obtenir un glaçage plus liquide ajoutez-y quelques gouttes de citron jusqu'à obtention de la consistance souhaitée et inversement rajoutez du sucre glace pour obtenir un glaçage épais.
Teintez votre glaçage avec tous types de colorants mais pour une couleur plus prononcée, préférez l'utilisation des colorants en poudre ou en gel.
Une fois votre glaçage prêt, filmez votre récipient en veillant à ce que le film vienne en contact avec le glaçage pour éviter que le glaçage en séchant créer une croute à la surface ou alors placez-le dans une boîte hermétique.

à savoir

Il est conseillé d'utiliser la glace royale le jour même mais vous pouvez aussi la conserver au réfrigérateur 2/3 jours maximum.

Il est aussi possible d'aromatiser votre glace royale mais il faudra faire attention car l'ajout d'un arôme va liquéfier votre préparation, il faudra alors penser à rajouter un peu de sucre glace pour l'épaissir.

Les différentes techniques de glaçage

Technique n° 1 : Le contour du sablé.

Le contour du sablé se réalise avec une douille lisse de taille n° 1 ou n° 2 et un glaçage épais.
Faites un trait continu tout autour de votre sablé, en veillant à ce qu'il ne soit pas interrompu sinon le glaçage risquerait de s'échapper.

Technique n° 2 : Le glaçage fluide.

Ce type de glaçage fluide vous servira à remplir l'intérieur des contours.
Laissez-le complètement sécher avant de le décorer.

Technique n° 3 : Le glaçage épais.

Ce type de glaçage vous servira à réaliser tous les contours de vos sablés mais il vous servira aussi à écrire sur vos sablés ou à créer vos propres décorations.

Technique n° 4 : La décoration avec du glaçage fluide ou épais.

Vous pouvez réaliser des sablés avec plusieurs glaçages liquides.
Remplissez votre sablé avec votre glaçage liquide principal.
Ne le laissez pas sécher.
Réalisez des motifs en surface avec un glaçage liquide d'une autre couleur.
Vous obtiendrez ainsi un glaçage uniforme.
À l'inverse, remplissez votre sablé d'un glaçage liquide.
Laissez-le entièrement sécher et réalisez des motifs avec un glaçage épais pour obtenir un glaçage en relief.

Technique n° 5 : Le séchage du glaçage.

Vous pouvez laisser sécher votre glaçage à température ambiante mais cela peut prendre quelques heures en fonction de la température de la pièce et de l'humidité.
Sinon, il est tout à fait possible, de faire sécher votre glaçage au four à température basse pour ne pas altérer les couleurs pendant plus ou moins 30 min entre 80°C et 100°C en fonction de votre four.
Vérifiez que ce soit entièrement sec avant de retirer du four.

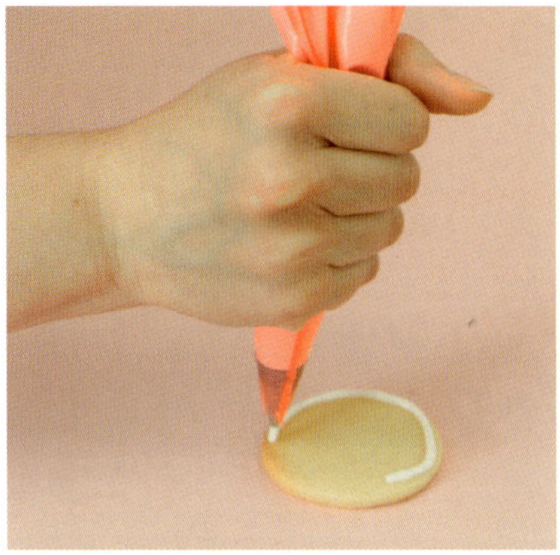

4 Les cake pops

Ce sont de petits biscuits présentés sous forme de sucettes que vous décorerez au gré de vos envies.

matériel

- Moules à cake pops
- Bâtonnets à cake pops
- Candy melts
- Paillettes alimentaires
- Stylos de candy melts
- Feutres alimentaires
- Colle alimentaire
- Colorants pour candy melts
- Pinceaux alimentaires

Les recettes

Recette du cake pops sans cuisson

(20 cakes pops environ)

ingrédients

- 250 g de quatre quart ou tout autre type de gâteaux pouvant être émietté (gâteau au yaourt, génoise, gâteau au chocolat...)
- 350 g de liant (crème au beurre aromatisée, ganache, pâte à tartiner, fromage frais type Philadelphia...)
- 400 g de candy melts
- Un peu d'huile de tournesol

Préparation

Dans un récipient, émiettez le gâteau jusqu'à obtention d'une poudre.
Ajoutez-y le liant et mélangez le tout jusqu'à obtenir une pâte homogène qui ne soit pas trop friable, ni trop collante.
Confectionnez ensuite vos boules de cake pops à l'aide de moules adéquates ou à la main.
Placez-les au congélateur pendant 15 min ou 2 h au réfrigérateur.
Mettez le candy melts dans un récipient haut allant au micro-ondes, puis faites-le fondre par tranche de 30 secondes en mélangeant à chaque fois pour éviter qu'il ne brûle.
Pour le fluidifier, ajoutez si besoin un peu d'huile de tournesol à votre candy melts fondu.
Le mélange ne doit pas être trop liquide ni trop épais pour pouvoir enrober parfaitement votre cake pops.
Sortez les boules, prenez un bâtonnet à cake pops, trempez le bout du bâtonnet dans le candy melts fondu et enfoncez-le jusqu'à la moitié de la boule.
Laissez sécher 2 min sur un support en polystyrène.
Réitérez l'opération.
Une fois la boule solidifiée sur le bâtonnet, trempez le cake pops dans le candy melts fondu pour le recouvrir tout en le tournant sur lui-même.
Tapotez légèrement avec votre doigt sur le bâtonnet pour enlever l'excédent de candy melts puis laissez sécher.
Pour obtenir un cake pops bien lisse, recouvrez-le une seconde fois de candy melts.
Laissez sécher vos cake pops sur un support en polystyrène.

La décoration

Pour des cake pops variés et colorés, utilisez des paillettes alimentaires, des feutres alimentaires ou encore de la pâte à sucre... Pour cela, laissez-le complètement sécher avant décoration. Sinon saupoudrez-le de sucre coloré sans laisser sécher.

Les problèmes que vous pouvez rencontrer

Mon cake pops se fissure

Votre cake pops peut se fissurer au moment d'y enfoncer le bâtonnet, dans ce cas, soit votre pâte était trop froide et il vous suffira de laisser les cake pops quelques minutes à température ambiante, soit votre pâte est trop sèche c'est qu'il n'y a pas eu suffisamment d'ajout de liant au moment de la confection de la pâte.

Mon cake pops tombe de son bâtonnet

Cela peut avoir plusieurs raisons. La première étant que le bâtonnet n'a pas été assez enfoncé et avec son poids le cake pops tombe. Soit votre cake pops a été confectionné avec une pâte trop sèche, donc cela a créé des fissures et favorisé la chute. Enfin, si votre candy melts est trop épais, cela va ajoutez du poids sur le cake pops et donc il y a un risque qu'il tombe. Pour éviter d'avoir un candy melts trop épais, ajoutez quelques gouttes d'huile d'arachide pour le fluidifier.

Mon cake pops n'a pas une surface lisse

L'enrobage peut ne pas être lisse pour trois raisons, soit votre candy melts fondu est trop épais ou trop fluide. Soit votre candy melts à brulé au moment de sa fonte aux micro-ondes et cela a créé des petits amas dans la pâte. Pour finir, à force d'enrober les cake pops dans votre candy melts fondu, il se peut que quelques résidus de pâte se mélangent au candy melts fondu. Veillez donc à ôter tout résidu avec une cuillère après chaque enrobage de cake pops.

astuces

Conservez le reste de candy melts fondu quelques jours dans un récipient hermétique. Pour le réutiliser ajoutez un peu d'huile pour le rendre souple et fluide.

Il est également possible de réaliser des cake pops avec cuisson dans des moules en silicone adaptés.

Il était une fois

Entre magie et gourmandise…

Une histoire éternelle

matériel

- Pâte à sucre jaune, blanche, rouge
- Pâte à sucre « fleur » rouge
- Outils de modelage
- Pinceaux
- Petit rouleau antiadhésif
- Colorant en gel bleu marine
- Colorant en poudre jaune, or
- Paillettes or
- Peinture or
- Colle alimentaire
- Spray alimentaire or
- Moule pour « collier de perles », « gouttes de perles »
- Support en mousse
- Emporte-pièces « pétale »
- Emporte-pièce rond
- Emporte-pièce carré
- Emporte-pièce « robe de princesse »

La base

Recouvrez le support à gâteau avec de la pâte à sucre blanche teintée en bleu avec le colorant en gel bleu marine (page 21).
Recouvrez ensuite le gâteau du bas avec la pâte à sucre jaune et le gâteau du haut avec la pâte à sucre bleue foncée (page 19).
Disposez une pointe de colle alimentaire sur le support à gâteau recouvert de pâte à sucre puis collez le gâteau jaune.
Enfoncez des bâtonnets dans ce gâteau (page 22).
Disposez un peu de colle alimentaire sur le haut du gâteau jaune puis collez le gâteau bleu.
Pour finir, collez à l'aide de colle alimentaire un ruban doré sur les contours du support à gâteau et des gâteaux.

La rose

Malaxez un peu de pâte à sucre rouge spéciale « fleur » avec un peu de pâte à sucre rouge.
Étalez-la très finement au rouleau.
Munissez-vous d'emporte-pièces « pétale » de différentes tailles pour découper votre pâte.
Disposez ensuite chaque pétale de rose obtenue sur le support en mousse et avec de l'outil « boule », affinez le contour de votre pétale en passant plusieurs fois la boule jusqu'à ce que le contour ondule légèrement.

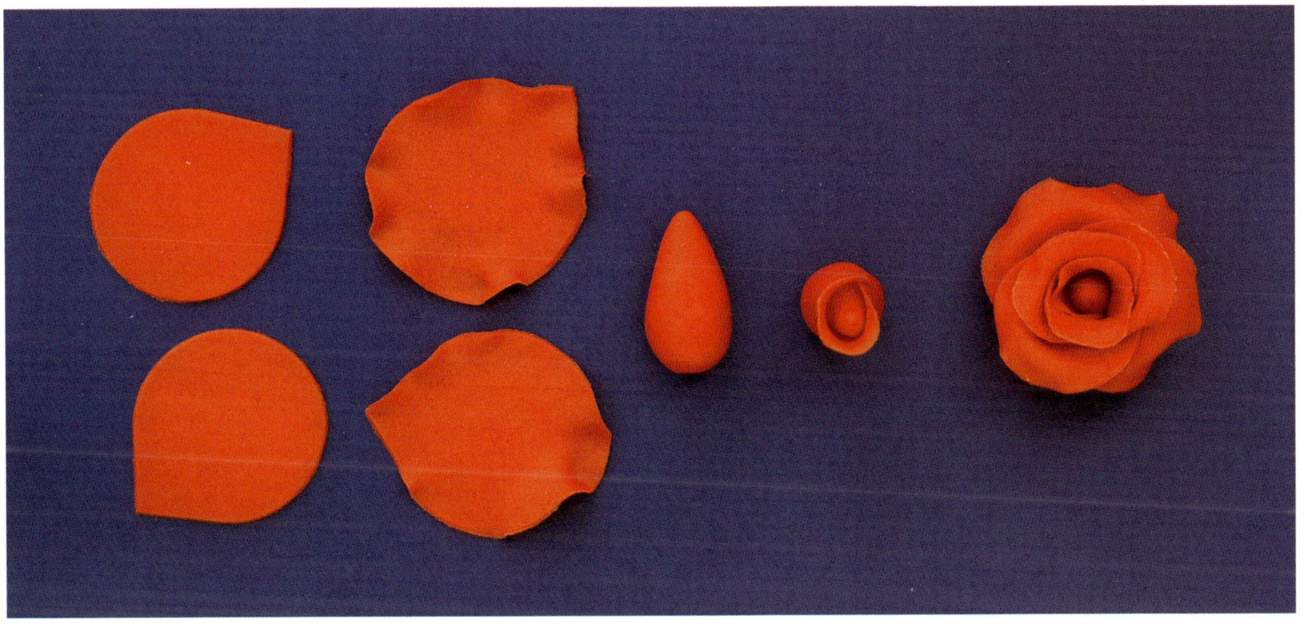

Avec votre pâte à sucre formez un cône en veillant à ce que le dessous du cône ait une forme arrondie.
Disposez une pointe de colle sur le bas de votre pétale puis collez seulement le bas en veillant à garder le reste du pétale écarté du cône pour donner du volume à votre rose.
Réitérez l'opération avec autant de pétales que vous souhaitez en fonction du volume de la rose désirée.
Une fois votre rose complètement sèche, réalisez les contours des pétales à l'aide d'un pinceau et de peinture alimentaire de couleur or.

Avec les pétales de rose restantes, disposez-les en cascades sur votre gâteau.

Les perles

Malaxez un peu de pâte à sucre blanche puis formez un boudin.
Placez-le dans le moule à « collier de perles ».
Appuyez pour permettre à la pâte de bien prendre l'empreinte du moule.
Coupez l'excédent de pâte avec l'outil « couteau » puis démoulez délicatement.

Disposez votre collier de perles sur une feuille de papier sulfurisé puis colorez-le avec le spray or.
Pour un aspect doré encore plus prononcé, une fois les perles bombées et séchées, disposez du colorant en poudre or au pinceau et collez sur le gâteau.

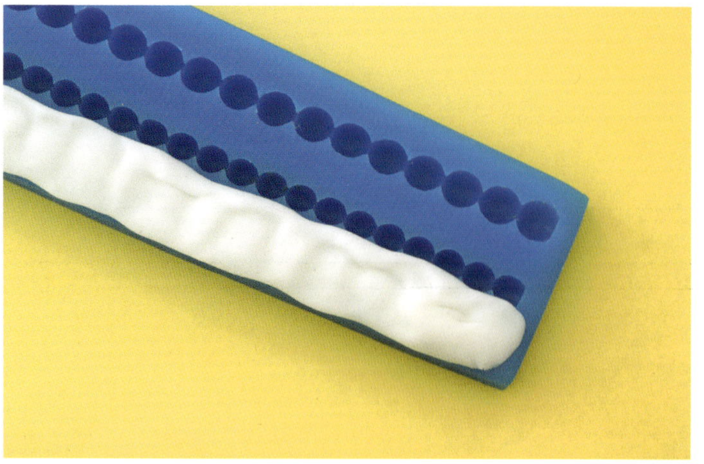

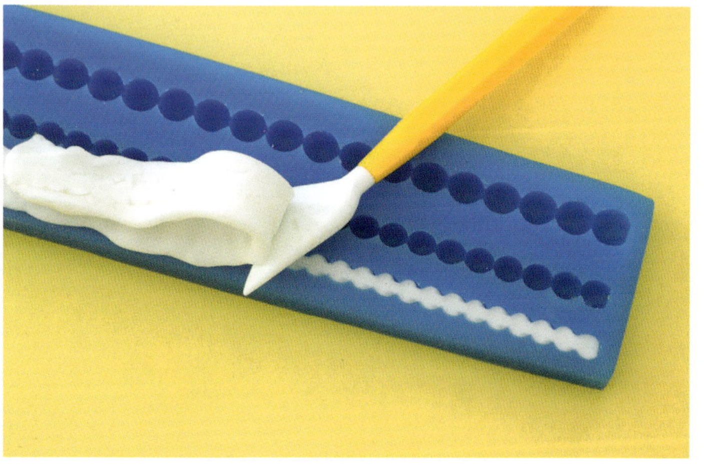

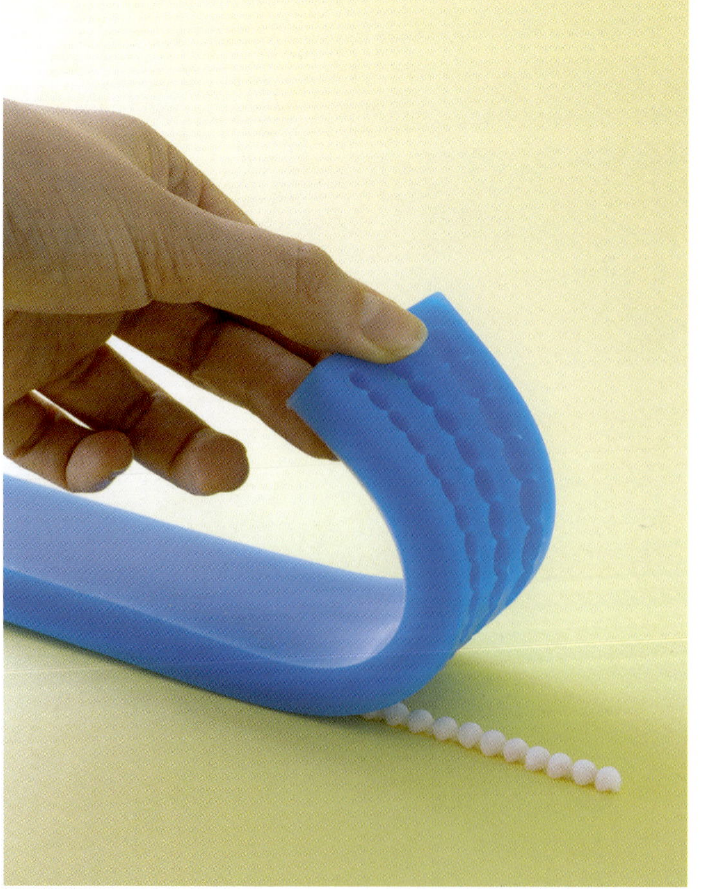

astuce

Si la pâte à sucre accroche au moule, saupoudrez un peu de sucre glace à l'intérieur des cavités.

Les sablés

La robe

Réalisez votre glace royale (page 32) en y ajoutant une pointe de colorant jaune.
Réalisez un glaçage jaune épais pour les contours du sablé.
Gardez un peu de ce glaçage épais de côté pour les décorations dorées de la robe.
Munissez-vous d'une poche à douille et d'une douille lisse. Une fois le contour réalisé, remplissez l'intérieur de votre sablé avec le glaçage plus fluide.
Laissez sécher avant de passer à l'étape suivante.
Prenez votre glaçage épais puis ajoutez-y un peu de colorant en poudre or.
Réalisez les effets drapés avec une douille lisse n° 2, et laissez sécher entre chaque drapé.
Pour finir, décorez avec des perles dorées que vous réaliserez avec le moule à « collier de perles ».

Le costume

Découpez des ronds de pâte à sucre bleue foncée avec l'emporte-pièce qui vous aura servi à découper votre pâte sablée.
Coupez le haut de votre rond en forme de triangle pour créer l'ouverture du costume.
Faites pareil avec la pâte à sucre jaune.
Prenez le rond jaune et découpez-le, afin d'obtenir une tulipe pour réaliser le col et la fermeture du costume.
Formez les boutons avec de la pâte à sucre jaune et collez le tout sur la partie bleue.
Avec un pinceau, faites les contours du col et de la fermeture avec la peinture or.
Pour créer le jabot, étalez de la pâte à sucre blanche et découpez-y un petit carré.
Pliez-le de manière à obtenir un drapé, puis pour créer la broche, collez entre elles, une boule de pâte à sucre jaune et bleue foncée.
Collez-la sur le jabot.
Réalisez les contours à la peinture or.

Autour de minuit

matériel

- Pâte à sucre blanche, rose, fuchsia, bleu pastel, verte, bleu lagon, marron clair, rouge, marron foncé, noire, orange, jaune pastel, jaune
- Sprays alimentaires nacré, argent
- Peinture alimentaire argent
- Paillettes bleu pastel
- Colle alimentaire
- Emporte-pièces ronds
- Emporte-pièce ovale
- Moule boutons
- Moule « collier de perles »
- Moule « goutte de perles »
- Tapis pour dentelle alimentaire
- Poudre pour dentelle alimentaire
- Pinceaux alimentaires
- Outils de modelage
- Petit rouleau
- Roulette de découpe pour bandes
- Bâtonnets pour cakes pops
- Candy melts bleu
- Cure-dents

La base

Recouvrez le support à gâteau ainsi que le deuxième étage et la calèche avec de la pâte à sucre blanche (pages 19 à 21). Faites de même avec la pâte à sucre bleu pastel pour le premier et le troisième étage.
Enfoncez des bâtonnets entre chaque étage de gâteau (page 22).
Collez un ruban bleu ciel sur le contour du support à gâteau.

Le carrosse

Pour réaliser le carrosse, utilisez un moule demi-sphère ou un moule rond, puis recouvrez le gâteau en étirant légèrement la pâte à sucre vers le bas afin d'éviter les plis.
Regroupez la pâte à sucre à l'extrémité de la boule puis coupez l'excédent.
Réalisez les quatre arêtes du carrosse avec la pointe du manche d'un pinceau en appuyant légèrement.

Les éléments du dessus et du dessous

Malaxez et étalez de la pâte à sucre rose pour réaliser le dessus et le dessous du carrosse.
Une fois votre pâte à sucre étalée, découpez-la avec un emporte-pièce rond.
Puis collez-les sur votre carrosse.

La décoration du dessus du carrosse

Renouvelez la même opération avec de la pâte à sucre rose mais cette fois-ci découpez des rectangles.
Repliez-les sur eux-mêmes pour créer un aspect drapé.
Collez-les sur les bords du haut du carrosse.

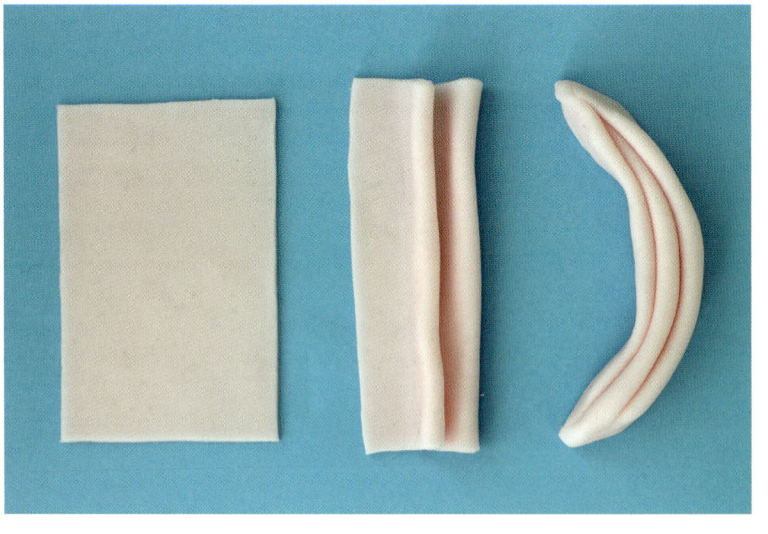

Avec le moule « goutte de perles », créez les décorations argentées.
Disposez les perles obtenues sur une feuille de papier sulfurisé puis bombez avec le spray argent.
Laissez sécher et collez.
Créez trois boudins blancs, dont un légèrement plus épais.
Placez le plus épais au centre, puis les deux plus fins sur les côtés en enroulant l'extrémité de chacun, pour réaliser une boucle.
Collez-les entre eux et bombez avec le spray argent, collez.

La porte

Découpez de la pâte à sucre bleu pastel et rose avec un emporte-pièce ovale.
Prenez la forme ovale rose, coupez-la en deux.
Récupérez une demi-forme sur laquelle avec l'outil « scalpel », vous découperez le haut d'un cœur.
Collez-le sur le disque bleu pastel.

Pour les rideaux, découpez deux carrés fuchsia.
Repliez chaque carré sur lui-même pour réaliser un drapé.
Collez les rideaux sur l'ensemble ovale bleu et rose.
Créez les attaches des rideaux avec deux bandes fuchsia et collez sur la calèche.

Créez une guirlande de perles de pâte à sucre blanche avec le moule « collier de perles ».
Bombez avec le spray argent, laissez sécher et collez-la tout autour de la porte.

Les roues du carrosse

Étalez de la pâte à sucre blanche sur une épaisseur de 1 cm et à l'aide d'emporte-pièces ronds, découpez quatre disques.
Découpez l'intérieur des disques avec un emporte-pièce rond plus petit.
Laissez sécher complètement.
Pour l'intérieur des roues, formez deux boudins roses très fins.
Recourbez les extrémités du boudin.
Collez-les sur la roue en formant une croix.
Pour finir, faites une petite boule blanche, peignez-la avec de la peinture argent puis collez-la à l'intersection des deux boudins.

Le siège du valet

Pour l'assise, malaxez et étalez de la pâte à sucre rose de 5 mm d'épaisseur.

Prenez le rectangle obtenu, puis avec l'outil « couteau » dessinez un effet « matelassé ».

Finissez avec des petites boules fuchsia pour réaliser les boutons du siège.

Laissez sécher et collez sur le carrosse.

Pour les accoudoirs du siège et le dessous, faites des petits boudins blancs, puis enroulez sur eux-mêmes l'une des extrémités du boudin.

Peignez-les en argent, laissez sécher et collez.

Pour le dossier du fauteuil, façonnez trois formes de goutte d'eau.

Aplatissez-les, peignez-les, puis collez-les.

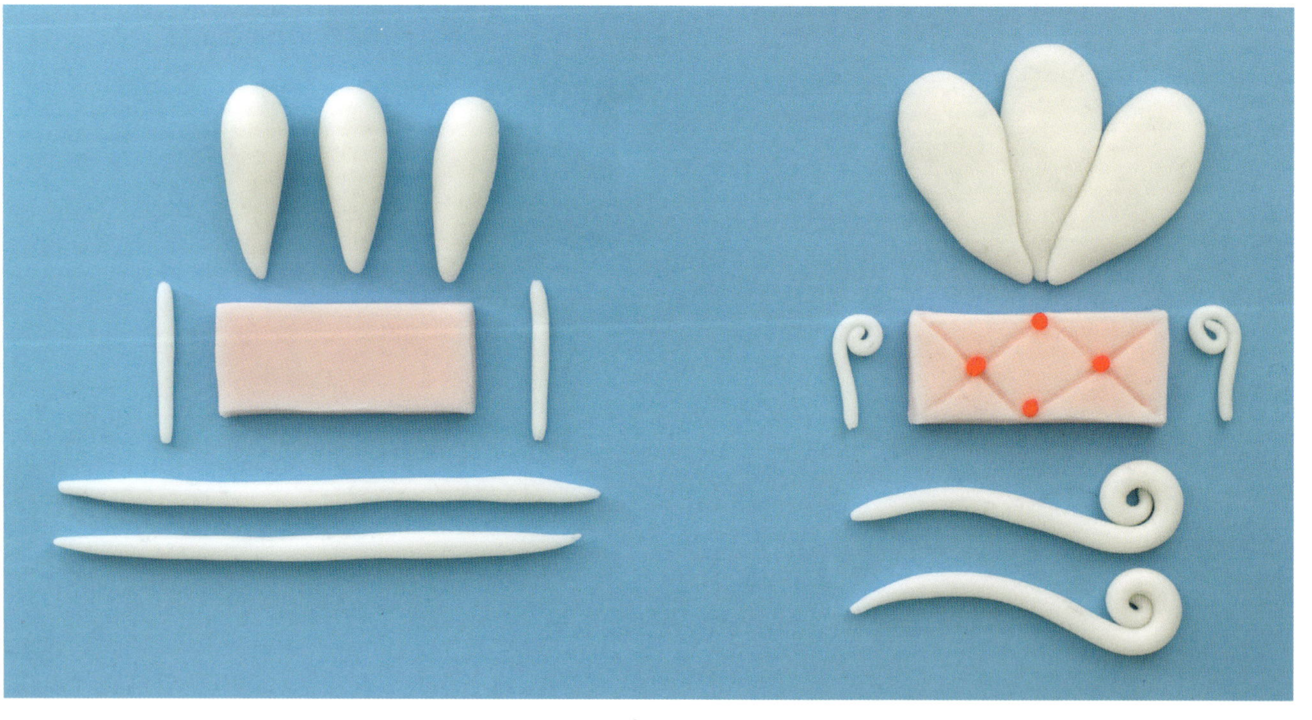

La dentelle alimentaire

Mélangez 25 g de poudre à dentelle à 20 g d'eau.

Étalez la pâte obtenue sur le moule en silicone.

Enlevez l'excédent de pâte.

Placez au four pendant 6 min à 120°C.

Laissez refroidir 2 min et démoulez délicatement.

Donnez-lui un aspect nacré à l'aide du spray et collez.

Les éléments de décoration

Les guirlandes de perles

Utilisez le moule « collier de perles », puis bombez les perles avec le spray nacré (page 46).
Saupoudrez-les de paillettes bleu pastel et collez.

Le nœud

Découpez une bande de 2 cm avec la roulette.
Enroulez la bande sur elle-même, déroulez et collez.
Réalisez un nœud (page 92).

Les boutons

Faites des boutons de différentes couleurs à l'aide du moule boutons.

Le collier de perles

Faites des boules bleu lagon, collez-les entre elles.
Pour le fil, faites un petit boudin blanc.

Le mètre

Coupez une bande jaune, enroulez-la sur elle-même et au feutre noir, créez une graduation.

La bobine de fil

Faites un gros boudin blanc.
Pour le fil, créez un fin boudin blanc assez long et enroulez-le autour du premier.
Découpez deux disques marron clair, puis collez-les sur le gros boudin.

La citrouille

Prenez une boule de pâte à sucre orange, enfoncez l'outil « grosse boule » à une extrémité.
Avec l'outil « couteau » faites les traits de la citrouille.
Pour la tige, faites un cône de pâte à sucre verte.

La souris

Le corps

Formez une poire marron clair et enfoncez-y un cure-dent en laissant dépasser un bout pour y planter la tête.

Le tee-shirt

Découpez un rectangle jaune pastel et placez-le sur le haut du corps.
Pour les manches, formez deux petits triangles.
Avec l'outil, « grosse boule », enfoncez la boule sur le bas du triangle pour créer l'ouverture de la manche.

Les bras

Faites deux boudins marron clair.
Pour les mains, affinez puis aplatissez une extrémité du boudin.
Avec l'outil « scalpel » faites quatre coupures pour créer les doigts.
Collez les bras dans le trou de la manche, puis collez le tout sur le corps.

Les jambes

Faites deux boudins marron clair.
Aplatissez un côté du boudin pour créer la cuisse.
Pour les chaussures, modelez deux boules fuchsia en forme de L.
Formez une pointe sur l'une des extrémités et de l'autre côté, avec l'outil « grosse boule », créez l'ouverture de la chaussure.
Collez sur les jambes, puis le tout sur le corps.

La tête

Formez une poire marron clair, étirez la pointe pour créer le nez.
Sur le nez collez-y une boule fuchsia.
Avec l'outil « U » créez la bouche.
Pour les yeux, superposez une boule blanche et noire.
Pour les cheveux, réalisez des mini boudins marron foncé, puis collez-les sur la tête.
Pour le chapeau, formez un cône vert.
Avec l'outil « grosse boule » creusez la partie basse du chapeau puis collez sur les cheveux.

Les oreilles

Réalisez deux pastilles marron clair et rose.
Superposez, pincez l'extrémité et collez.
Mettez du colorant en poudre rose pastel à l'intérieur et collez sur la tête.

Le pirate et son trésor

matériel

- Pâte à sucre blanche, turquoise, jaune, rouge, verte, grise, noire, chair, vert pastel, bleu pastel
- Colorants en gel caramel, pêche
- Feutre alimentaire noir
- Sprays or, nacré
- Colle alimentaire
- Emporte- pièce « bateau de pirate »
- Emporte-pièce « goutte »
- Emporte-pièce feuille
- Pinceaux
- Outils de modelage
- Peintures rouge, or
- Colorants en poudre pêche pastel, marron
- Petit rouleau
- Ciseaux
- Roulette de découpe pour bandes
- Mini billes or et argent
- Cure-dents

La base

Malaxez et étalez votre pâte à sucre turquoise, puis recouvrez le support à gâteau ainsi que le gâteau du bas (pages 19 à 21).
Réitérez l'opération avec la pâte à sucre couleur « sable » et recouvrez le gâteau du haut.
Pour obtenir la couleur « sable », prenez de la pâte à sucre blanche à laquelle vous ajouterez une pointe de colorant en gel « caramel ».
Enfoncez des bâtonnets dans les gâteaux (page 22).
Collez un ruban rouge sur le contour du support à gâteau.

La décoration marine

Les coraux

Faites des petits boudins de tailles et de couleurs différentes.
Avec l'outil « petite boule », faites un trou à l'une des extrémités du boudin pour créer l'ouverture du corail et collez.

Les oursins

Façonnez des petites boules de couleur « chair », puis enfoncez la pointe de l'outil « pointe-dentelée ».
Laissez sécher et collez.

Les coquillages

Créez-les selon la méthode (page 71).

Les pierres

Faites des formes différentes avec la pâte à sucre grise, puis collez.

Les algues

Découpez de grandes feuilles allongées vertes avec l'outil « scalpel » puis torsadez-les.
Laissez sécher puis collez.

Les poissons

Façonnez une forme de goutte d'eau allongée jaune.

Pour les nageoires et la queue : prenez 3 petites boules et avec l'outil « en forme de coquillage », aplatissez-les et collez.

Pour la bouche : collez une petite boule jaune.

Dessinez les yeux avec le feutre noir, puis les taches rouges avec de la peinture.

Les bulles

Prenez des petites boules blanches de différentes tailles puis collez.

Les ailerons de requin

Faites une forme grise « goutte d'eau » avec l'emporte-pièce.

Puis découpez la pointe de la goutte avec l'outil « scalpel ».

Laissez sécher et collez.

La vague

Découpez une grosse bande turquoise avec la roulette, puis à main levée découpez en forme de vague et collez.

Les palmiers

Réalisez des boudins marrons et enfoncez légèrement un cure-dent à l'intérieur pour les faire tenir.

Avec des ciseaux, incisez le boudin sur toute la longueur (page 123).

Pour les feuilles, réalisez-les avec un emporte-pièce « feuille ».

Laissez sécher avant de les coller pour éviter qu'elles ne tombent.

Le palmier doit être entièrement sec avant de le planter dans le gâteau.

Le coffre et son trésor

Le coffre

Faites un rectangle épais marron clair et lissez les angles.

Faites le couvercle avec un rectangle plus fin.

Avec des petites bandes marron foncé faites les arêtes du coffre et collez.

Dessus peignez des points or.

Pour donner un aspect bois, faites des petites entailles avec l'outil « scalpel ».

Pour un aspect vieilli, au pinceau parsemez du colorant en poudre marron.

Le trésor

Utilisez des perles de sucre métallique or et argent, collez-les.

Façonnez des petites pièces et des pierres précieuses, puis donnez un aspect nacré avec le spray.

Le pirate

Le buste du pirate

Faites un boudin de pâte à sucre blanche.

Puis appuyez légèrement sur les côtés pour affiner la taille.

Réalisez les bandes rouges de son tee-shirt avec de la peinture rouge.

Le pantalon

Réalisez un boudin rouge.
Faites une entaille pour séparer les jambes.
Retravaillez les jambes avec vos doigts pour leur donner un aspect lisse. Creusez le bas du pantalon, avec l'outil « grosse boule ».

Les pieds

Prenez de la pâte à sucre blanche colorée avec un peu de colorant en gel pêche, puis façonnez les mollets et les pieds en forme de L.
Appuyez sur la partie du pied pour l'aplatir légèrement puis avec l'outil « scalpel » faites quatre entailles pour réaliser les doigts de pied.
Laissez sécher avant de les insérer et collez-les dans le pantalon.
Placez et collez l'ensemble pantalon/pieds sur le gâteau.
Insérez un cure-dent dans le buste.
Disposez une pointe de colle sur le haut du pantalon puis plantez le buste.

Le gilet

Étalez de la pâte à sucre noire, puis utilisez le gabarit (page 126) pour découper votre pâte et collez-le sur le buste.

Les bras

Créez les manches et les bras, suivant la méthode (page 56).

Le cou et la tête

Pour le cou, placez un petit bout de pâte à sucre colorée en pêche, sur le haut du buste. Pour le foulard, mettez un petit boudin rouge autour du cou. Pour la tête, prenez une boule blanche colorée en pêche. Créez les yeux avec l'outil « grosse boule » et superposez une pastille blanche, bleu pastel et noire.
Faites trois petites boules colorées en pêche pour créer le nez et les oreilles et collez.
Faites la bouche avec l'outil en forme de U.
Réalisez les sourcils et la moustache avec de la pâte à sucre marron, le cache-œil avec de la pâte à sucre noire.
Pour le fichu, étalez et découpez de la pâte à sucre rouge en forme de triangle et collez.

Le sablé bateau de pirate

Prenez votre sablé en forme de bateau de pirate (page 30).
Étalez de la pâte à sucre marron clair et blanche.
Avec l'emporte-pièce « bateau de pirate » découpez-les.
Avec le « scalpel » coupez le bateau de pâte à sucre marron pour ne garder que la partie basse et le mat, puis donnez un effet bois avec le même outil en réalisant des entailles sans couper la pâte.
Puis faites la même chose pour la pâte à sucre blanche en ne gardant que la voile du bateau.
Collez le tout sur le sablé.
Sur la voile, faites des bandes rouges avec de la peinture alimentaire rouge.
Avec un emporte-pièce rond, réalisez deux pastilles marrons et deux pastilles blanches.
Étalez légèrement les pastilles marrons afin qu'elles soient un peu plus grandes que les blanches.
Superposez les blanches sur les marrons, puis collez-les.
Faites les contours de la fenêtre avec des petits points de peinture or.

Sous l'océan

matériel

- Pâte à sucre blanche, marron foncé, bleu lagon, jade, verte, noire
- Colorant en gel pêche
- Spray alimentaire nacré
- Colle alimentaire
- Colorant en poudre rose pastel
- Paillettes pêche, vert pastel
- Mini perles nacrées
- Outils de modelage
- Feutre alimentaire noir
- Pinceaux
- Petit rouleau
- Moule en silicone coquillages
- Cure-dents
- Emporte-pièce rond
- Emporte-pièce « étoile de mer »
- Emporte-pièce « goutte »
- Emporte-pièce fleur
- Caissettes à cupcakes pêche à pois

La base

Malaxez et étalez votre pâte à sucre blanche, puis recouvrez votre support à gâteau ainsi que les deux gâteaux en suivant la méthode indiquée (pages 19 à 21).
Enfoncez des bâtonnets dans les gâteaux (page 22).
Collez un ruban de couleur pêche sur le contour du support à gâteau et sur la partie basse du gâteau du haut.

Les écailles

Recouvrez le gâteau du bas avec un dégradé d'écailles de couleur pêche.
Prenez de la pâte à sucre blanche et du colorant en gel de couleur pêche pour créer le dégradé.
Divisez votre pâte à sucre blanche puis colorez-la en intensifiant la couleur pêche à chaque fois.
Étalez les différentes pâtes obtenues, puis avec un emporte-pièce rond, découpez de petits cercles que vous collerez les un sur les autres afin d'obtenir un aspect écailles.
Commencez par coller les écailles en partant du bas de votre gâteau vers le haut.

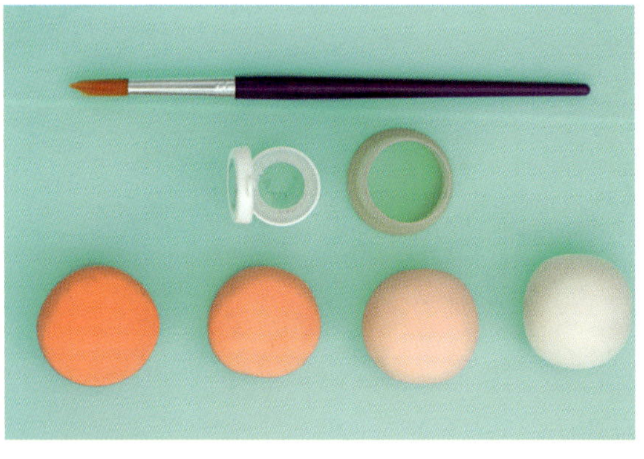

Les décors marin

L'étoile de mer

Découpez la pâte à sucre bleu lagon avec l'emporte-pièce « étoile de mer ».

Disposez votre étoile sur du papier sulfurisé puis donnez-lui un aspect nacré avec le spray.

Collez une mini bille de sucre nacrée au centre de l'étoile, puis avec l'outil « petite boule » créez des petits trous sur les branches de l'étoile et collez.

Les algues

Procédez de la même manière que celle indiquée (page 61).

Les coquillages

Insérez votre pâte à sucre dans le moule en silicone pour coquillages.

Coupez l'excédent de pâte avec l'outil « couteau » puis démoulez délicatement. Si votre pâte accroche, enlevez-la puis mettez un peu de sucre glace dans les cavités du moule.

Une fois démoulé, donnez un aspect nacré avec le spray et collez.

Le sable

Pour réaliser du sable alimentaire, réduisez en poudre des biscuits et parsemez.

La sirène

La queue

Façonnez un boudin jade, en affinant l'extrémité pour obtenir le bout de la queue.
Appuyez avec votre doigt sur l'autre extrémité et élargissez pour pouvoir accueillir le buste.

Les nageoires

Découpez deux formes bleu lagon avec l'emporte-pièce « goutte d'eau ».
Nacrez-les avec le spray et collez-les sur le bout de la queue.

Le buste

Réalisez un boudin blanc coloré en pêche.
Sur une extrémité, créez le cou en affinant avec vos doigts.
Puis sur l'autre, affinez la taille en remontant la pâte à sucre vers le milieu pour créer la poitrine.
Plantez un cure-dent à la base du buste puis plantez-le dans le haut de la queue avec un peu de colle.
Faites un croissant de lune bleu lagon, nacrez-le et collez-le au niveau de la taille.
Collez deux coquillages nacrés sur la poitrine.

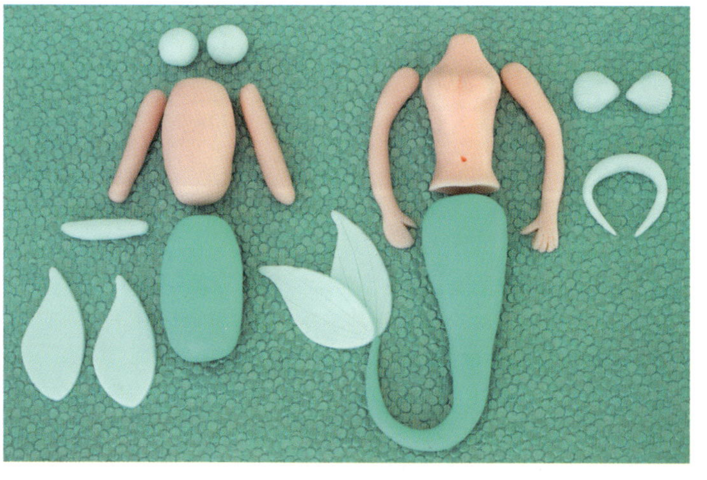

Les bras

Faites deux boudins de couleur pêche en appuyant légèrement au milieu pour créer le coude.
Aplatissez le bout pour faire la main et faites quatre entailles pour créer les doigts.
Collez-les sur le buste.

La tête

Façonnez une boule blanche colorée.
Marquez les yeux avec l'outil « grosse boule » et la bouche à l'aide de l'outil en forme de « U ».
Collez une petite boule pour créer le nez.
Pour les yeux superposez une pastille blanche, verte et noire.
Créez le contour de l'œil et les cils avec de la pâte à sucre noire.
Pour les cheveux, créez des boudins marrons que vous aplatirez pour avoir un côté large en haut et très fin en bas.
Avec le « scalpel », faites des rayures.
Torsadez la mèche puis collez en commençant du bas de la tête vers le haut.

Le cupcake pieuvre

Confectionnez un cupcake (page 25).
Étalez votre pâte à sucre blanche.
Avec un emporte-pièce rond de même diamètre que votre cupcake, découpez votre pâte puis collez le disque obtenu.
Pour réaliser la pieuvre, faites une boule de pâte à sucre jade et plusieurs petits boudins.
Sur la boule, disposez deux petits bouts de pâte à sucre blanche pour créer les yeux et avec un feutre alimentaire noir, dessinez deux points au centre des yeux et les cils.
Faites la bouche à l'aide de l'outil en forme de U.
Collez les petits boudins que vous façonnerez comme des tentacules sur la partie basse de la boule.
Collez une petite fleur sur le haut de la tête que vous aurez réalisée avec un emporte-pièce en forme de fleur et laissez sécher.
Mettez un peu de colle sur la pâte à sucre blanche de votre cupcake, saupoudrez de sable alimentaire puis collez votre pieuvre.

Rêve d'Orient

matériel

- Pâte à sucre mauve, bleu lagon, blanche
- Spray alimentaire or
- Glace royale
- Peintures or, violette
- Emporte-pièce « fleur de lys »
- Emporte-pièce éléphant
- Moule à « collier de perles » en silicone
- Moule « goutte de perles » en silicone
- Emporte-pièces à motifs
- Pinceaux
- Colle alimentaire
- Petit rouleau
- Colorants en poudre violet, or
- Paillettes violettes, or
- Colorant en gel bleu ciel
- Douilles lisses

La base

Malaxez et étalez de la pâte à sucre mauve, puis recouvrez le support à gâteau ainsi que le premier et le troisième gâteau (pages 19 à 21).
Faites de même avec de la pâte à sucre bleu lagon pour le deuxième gâteau.
Enfoncez des bâtonnets dans les gâteaux (page 22).
Collez un ruban doré sur le contour du support à gâteau.

Les décorations orientales

Les dômes

Découpez des formes « bleu lagon, mauve et blanche » avec les emporte-pièces « fleurs de lys ».
Bombez les dômes blancs de spray or, puis collez-les en insérant entre chaque dôme une chaine de perles.
Superposez les mauves et bleu lagon.
Faites le contour des mauves avec de la glace royale teintée en or (page 32).

Les perles

Réalisez des perles blanches, puis bombez-les en couleur or (page 46).

Les motifs étoilés

Réalisez-les à main levée avec de la glace royale dorée.

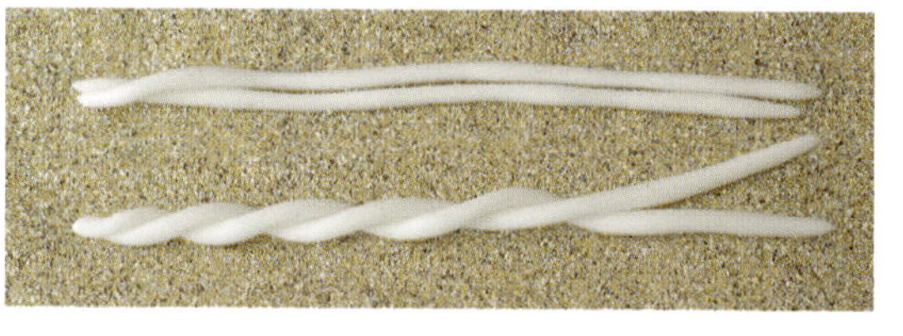

La torsade

Créez deux boudins identiques, assez longs.
Torsadez-les ensemble.
Bombez-les avec le spray or puis laissez sécher et collez.

Le pompon

Coupez un carré blanc et avec l'outil « scalpel » découpez des petites bandes.
Rassemblez le tout à une extrémité.
Prenez une boule blanche, collez-la au niveau de la jonction de toutes les petites bandes.
Bombez le tout de spray or et collez sur la torsade.

Les motifs « losange »

Étalez de la pâte à sucre mauve et découpez-la avec un emporte-pièce carré.
Collez-les en les disposant comme des losanges.
Au centre du carré, collez une boule de pâte à sucre bleu lagon.
Réalisez les contours et les points avec la glace royale dorée.

La bordure

Étalez de la pâte à sucre blanche, découpez-la avec un emporte-pièce « bordure ».
Puis bombez-la en or et collez.

Les motifs « fleurs »

Collez une petite boule de pâte à sucre bleu lagon puis entourez-la de points de glace royale dorée.

Le sablé éléphant

Confectionnez votre sablé avec un emporte-pièce éléphant (page 30).
Réalisez une glace royale mauve et bleu lagon à l'aide de colorants en poudre en suivant la recette (page 32).
Pour obtenir du bleu lagon, utilisez une pointe de colorant en gel bleu ciel.
Avec un glaçage épais, faites le contour du sablé et avec un glaçage fluide remplissez l'intérieur.
Laissez complètement sécher.
Avec la peinture alimentaire or et violette et un pinceau fin, réalisez les décorations.

Une maison gourmande

matériel

- Pâte à sucre jaune pastel, rose, fuchsia, vert pastel, bleu lagon, bleu pastel, marron foncé, marron clair
- Colle alimentaire
- Paillettes alimentaires bleu pastel, rose pastel, vert pastel
- Emporte-pièces ronds
- Outils de modelage
- Petit rouleau
- Un pistolet
- Décorations en sucre
- Candy melts jaune
- Candy melts rose
- Bâtonnets à cake pops
- Cure-dents
- Moule cake pops en forme de cupcake

La base

Recouvrez le support à gâteau de pâte à sucre vert pastel (page 21).
Mesurez et découpez quatre façades jaune pastel pour la maison.
Collez-les et lissez-les.
Recouvrez de la même manière, le toit en découpant deux plaques plus grandes que la taille du gâteau pour que le toit puisse dépasser.
Collez un ruban rose.

Le toit

Faites des écailles de différentes couleurs.
Collez-les du bas vers le haut.
Sur les façades avant et arrière de la maison, collez deux boudins blancs et au centre une décoration en sucre en forme de glace.
Collez les mêmes boudins sur la partie basse de la maison.

La cheminée

Façonnez un bâtonnet épais jaune pastel que vous couperez en biais à une extrémité et placez une petite bande de l'autre côté.
Laissez sécher et collez.

La maison

Les arêtes

Torsadez deux boudins blanc et rose puis collez (page 78).

La fenêtre bonbon

Faites un rond de pâte à sucre bleu lagon.
Avec le pistolet réalisez les croisillons et le contour de la fenêtre.
Découpez à main levée les volets roses en forme de « papier de bonbon ».
Collez une boule fuchsia pour la poignée.

La fenêtre pièce montée

Découpez à main levée deux formes de pièce montée bleu lagon. Faites les contours et les croisillons en blanc. Découpez des bandes assez épaisses de la largeur de la fenêtre, laissez-les complètement sécher avant de les coller.
Réalisez des torsades et enroulez-les sur elles-mêmes pour créer des sucettes et collez.

La porte

Utilisez le gabarit du cupcake (page 126).
Découpez la ganache du cupcake en blanc et la caissette du cupcake en bleu lagon.
Avec l'outil « couteau » dessinez les bandes de la caissette.
Décorez la ganache avec différentes boules de couleurs, puis collez-les.
Réalisez la poignée de la porte et collez.

L'allée

Faites des boules de différentes couleurs que vous aplatirez pour leur donner un aspect de galets puis collez-les. Saupoudrez de paillettes.

L'arbre

Réalisez un boudin marron foncé pour le tronc et deux petits pour les branches.
Donnez un aspect bois avec l'outil « scalpel ».
Plantez un cure-dent dans le tronc pour le maintenir et élargissez l'une des extrémités afin de créer le pied de l'arbre, laissez sécher et collez.

Les sucreries

Le macaron

Faites trois boules, deux identiques et une différente.
Assemblez le tout et faites une collerette à l'aide d'un cure-dent.

La religieuse

Formez deux boules marron clair.
Pour le glaçage, découpez une forme ondulée.
Assemblez et collez le tout.

Le donut

Faites une petite boule marron clair, aplatissez-la légèrement.
Avec l'outil « petite boule » creusez le centre de la boule jusqu'à faire un trou.
Avec de la peinture faites le glaçage du donut, puis saupoudrez de sucre coloré.

La tablette de chocolat

Découpez des petits rectangles marron.
Avec l'outil « couteau », créez l'aspect tablette et avec l'outil en forme de U, rognez un angle.

Le cupcake

Prenez une boule de pâte à sucre et enfoncez-y légèrement l'outil « petite boule » pour créer l'ouverture de la caissette.
Avec un petit boudin de pâte à sucre réalisez la ganache en l'enroulant sur lui-même.

Une pomme empoisonnée

matériel

- Pâte à sucre blanche, rouge, marron foncé, verte, marron clair, jaune
- Sprays or, argent
- Colle alimentaire
- Emporte-pièce « petite goutte »
- Emporte-pièces ovales
- Emporte-pièce couronne
- Emporte-pièce petite couronne
- Outils de modelage
- Pinceaux
- Petit rouleau
- Roulette de découpe pour bandes

La base

Malaxez et étalez votre pâte à sucre marron, puis recouvrez votre support à gâteau.
Refaites la même opération avec de la pâte à sucre blanche puis recouvrez les deux gâteaux (pages 19 à 21).
Enfoncez des bâtonnets dans les gâteaux (page 22).
Collez un ruban de couleur marron sur le contour du support à gâteau.

Les bandes

Avec la roulette découpez deux bandes rouges, enroulez-les sur elles-mêmes, déroulez et collez.

Le nœud

Étalez de la pâte à sucre rouge, découpez-y trois rectangles dont un plus petit.
Repliez les deux plus grands sur eux-mêmes et pincez les extrémités pour leur donner un côté plissé.
Collez les deux boucles ensemble et au centre collez l'attache.
Laissez sécher avant de coller.

astuce

Pour donner une jolie forme au nœud, laissez sécher en plaçant de l'essuie-tout à l'intérieur de la boucle pour avoir du volume.

La pomme

Prenez une grosse boule de pâte à sucre rouge, sur le haut de la pomme appuyez légèrement avec l'outil « grosse boule » pour former un trou.
Arrondissez les bords du trou avec vos doigts et avec vos mains affinez légèrement le bas de la pomme.
Créez la tige avec un boudin de pâte à sucre marron foncé et sur le haut de la tige placez-y un peu de pâte à sucre marron clair.
Pour la feuille, étalez de la pâte à sucre verte puis découpez-la avec un emporte-pièce « goutte ».
Laissez sécher et collez.

Le miroir

Découpez une forme ovale jaune avec un emporte-pièce et un plus petit blanc.
Découpez une petite couronne jaune avec un emporte-pièce et ne gardez que la partie haute.
Bombez les formes jaunes obtenues avec le spray or et l'ovale blanc avec le spray argent.
Créez des petits boudins jaunes et enroulez les extrémités, avec le spray, donnez leur une couleur dorée.
Laissez sécher et collez sur le miroir.
Disposez de petites boules de pâte à sucre rouge pour finir la décoration du miroir.
Laissez sécher complètement avant de le coller sur le gâteau.

Le sablé couronne

Confectionnez votre sablé avec un emporte-pièce couronne (page 30).

Étalez de la pâte à sucre blanche et découpez avec l'emporte-pièce couronne.

Mettez de la colle sur le sablé et collez-y votre couronne en pâte à sucre blanche.

Avec de la peinture or, peignez les parties rondes du haut de la couronne et une rangée de losanges à main levée.

Pour finir collez des petites boules de pâte à sucre rouge entre les losanges et au centre des extrémités des branches de la couronne.

Le dragon et le chevalier

matériel

- Pâte à sucre grise, orange, jaune, blanche, turquoise, rouge, bleu pastel, marron foncée, verte
- Gumpaste blanche
- Spray alimentaire argent
- Colorant en gel rouge
- Peinture alimentaire argent
- Colorants en poudre orange, jaune
- Colle alimentaire
- Embosseur motif « brique »
- Emporte-pièce dragon
- Emporte-pièce carré
- Emporte-pièces porte
- Emporte-pièce bande d'herbe
- Outils de modelage
- Pinceaux
- Petit rouleau
- Cure-dents
- Roulette de découpe pour bandes

La base

Malaxez et étalez votre pâte à sucre blanche, puis recouvrez votre support à gâteau.
Recommencez l'opération avec la pâte à sucre grise et recouvrez les deux gâteaux (pages 19 à 21).
Enfoncez des bâtonnets dans les gâteaux (page 22).
Collez un ruban de couleur blanc sur le contour du support à gâteau.

Le château fort

Les remparts

Étalez de la pâte à sucre grise et avec la roulette découpez-y une bande.
Avec un emporte-pièce de forme carré, découpez le haut de la bande en alternant une fois sur deux puis collez.

Les briques

Étalez de la pâte à sucre grise et donnez leur la forme de briques avec un embosseur « brique ».
Puis découpez et collez.

Les fenêtres

Étalez de la pâte à sucre bleu pastel puis découpez-la avec l'emporte-pièce « porte ».
Créez le contour de la fenêtre avec des briques.
Faites les croisillons avec deux bandes de pâte à sucre grise ainsi que les rebords avec deux bandes de pâte à sucre grise plus épaisse.
Laissez sécher et collez.

La porte

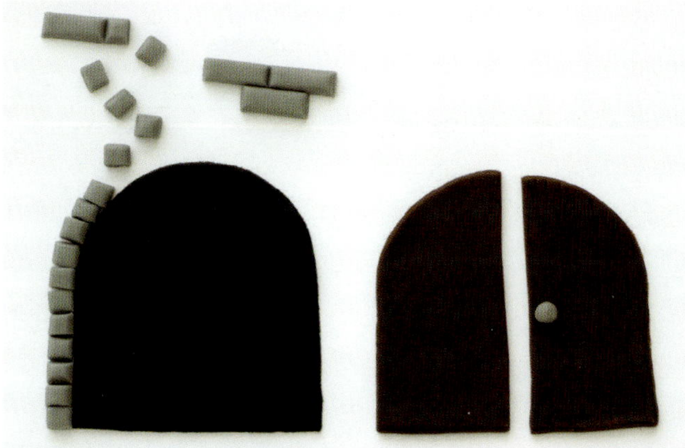

Étalez de la pâte à sucre noire puis découpez-la avec un emporte-pièce « porte » et collez.
Faites le contour de la porte avec des briques.
Pour la porte, étalez de la pâte à sucre marron foncé et découpez-la avec l'emporte-pièce « porte » puis coupez la porte marron en deux dans le sens de la longueur.
Créez l'aspect bois avec l'outil « scalpel ».
Peignez deux petites boules de pâte à sucre grise en argent et collez-les sur les portes pour créer les poignées.
Laissez sécher les portes avant de les coller sur le gâteau.

Le blason

Étalez de la pâte à sucre rouge, découpez-la avec l'emporte-pièce « porte ».
Sur la partie basse de la porte, découpez deux demi-cercles avec un emporte-pièce rond et sur l'autre partie coupez le bord pour créer une pointe.
Décorez avec trois boules de pâte à sucre jaune et deux bandes de pâte à sucre turquoise.
Laissez sécher et collez.

L'herbe

Étalez de la pâte à sucre verte et découpez des bandes à l'aide de l'emporte-pièce « herbe ».

Le dragon

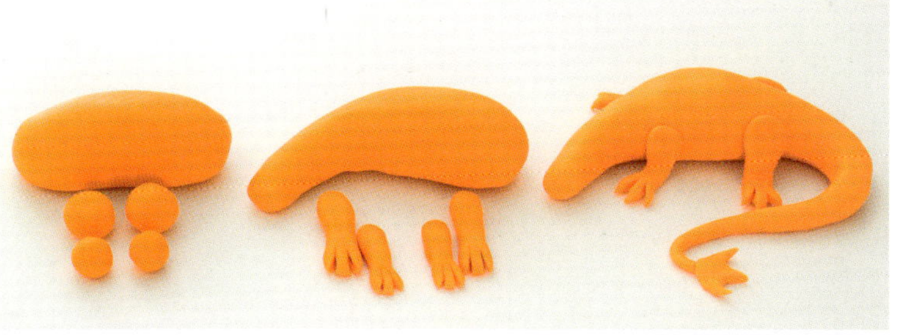

Le corps

Formez une grosse boule orange. Faites le cou en tirant sur une extrémité et sur l'autre étirez pour la queue.
Collez le corps sur le château.

La queue

Étalez et découpez à main levée un triangle de pâte à sucre orange pour faire le bout de la queue puis collez.

Les pattes

Façonnez un boudin et faites deux entailles sur l'une des extrémités pour créer les griffes. Aplatissez légèrement l'autre extrémité pour créer le haut de la patte.
Collez-les.

La tête

Faites une poire orange.
Coupez la partie fine jusqu'à mi hauteur pour la bouche et affinez en pointe.
Collez deux petites boules oranges pour le nez et creusez-les avec l'outil « petite boule ».
Faites pareil avec deux petits triangles pour les oreilles.
Pour les yeux, superposez les pastilles blanche et marron.
Faites deux sourcils oranges et les flammes avec des boudins rouges.
Pour les dents, faites des petits triangles blancs. Collez la tête sur le corps.

Les ailes

Teintez en rouge de la gumpaste et utilisez le gabarit (page 126).
Lissez les contours des ailes au doigt.
Faites des petits boudins jaunes pour les arêtes.
Laissez sécher les ailes sur votre rouleau à pâtisserie pour leur donner une forme arrondie avant de les coller.

Les écailles

Collez des petits bouts de pâte à sucre jaune aplatis.

Le chevalier

Le buste

Faites un boudin gris et créez les traits de l'armure avec l'outil « couteau ».
Coupez un triangle gris et collez-le sur le haut de l'armure.

Les jambes et les pieds

Créez deux petits boudins gris, pour les jambes et pour les pieds, deux petites formes ovales que vous étirerez sur l'un des côtés.
Mettez deux cure-dents dans les jambes et plantez-les dans le corps.
Collez un petit rectangle pour créer la jupe.
Collez un triangle pour former la ceinture.
Réalisez des petites entailles sur les jambes avec le « scalpel » et collez des petits losanges au niveau des genoux.

Les bras

Façonnez deux boudins gris, affinez-les au niveau du poignet puis aplatissez pour créer la main.
Faites une entaille pour créer le pouce.
Réalisez des entailles sur le bras avec le « scalpel » en veillant à ne pas couper la pâte puis collez des petits losanges au niveau des coudes.
Collez les bras sur le buste. Découpez et collez des petits triangles pour former les épaulettes.

Le cou

Prenez une boule de pâte à sucre grise, aplatissez-la légèrement, puis collez-la sur le buste.

La tête

Prenez une boule grise et creusez-la en forme de croissant de lune.

Faites-y des petites entailles verticales.

Pour le casque, faites un losange épais avec une pointe sur le devant et collez deux pastilles aux extrémités.

Formez le plumage du haut du casque avec un boudin rouge entaillé, puis collez.

Bombez le chevalier en argent, laissez sécher et collez.

La cape

Découpez un rectangle turquoise, plissez-le et collez.

Le drapeau

Collez deux boules grises sur un bâtonnet de bois et bombez en argent.

Pour le drapeau, découpez un rectangle rouge et faites-y une entaille.

Décorez-le, laissez-le sécher en l'ondulant.

Le sablé dragon

Confectionnez un sablé en forme de dragon avec l'emporte-pièce (page 30).

Faites de la glace royale orange et jaune avec les colorants en poudre (page 32).

Créez le contour du dragon avec un glaçage épais orange et jaune pour les ailes.

Remplissez l'intérieur avec du glaçage liquide puis une fois complètement sec, réalisez les détails avec du glaçage jaune épais.

Un joyeux non anniversaire

Eat Me

matériel

- Pâte à sucre verte pastel, rose, bleu pastel, blanc, jaune pastel, fuchsia, vert, blanche, noire, marron foncée, bleu lagon, chair, rouge
- Spray alimentaire or
- Paillettes alimentaires rose pastel
- Colle alimentaire
- Peintures or, argent, rouge
- Petit rouleau
- Colorant en gel pêche
- Colorant en poudre rose pastel
- Feutres rose, noir
- Emporte-pièces ronds
- Douille cannelée
- Caissettes à cupcakes
- Blanchisseur de ganache
- Outils de modelage
- Pinceaux
- Cure-dents
- Emporte-pièce dentelle
- Emporte-pièce porte
- Emporte-pièce carré
- Emporte-pièce fleur

La base

Recouvrez le support à gâteau et le gâteau du bas en vert pastel, le gâteau du haut en rose et le gâteau du milieu en blanc (pages 19 à 21).

Pour le gâteau du milieu, créez plusieurs carrés de couleurs différentes et collez-les un à un en commençant par l'arrière du gâteau.

Enfoncez des bâtonnets dans les gâteaux (page 22).

Et enfin, collez un ruban rose sur le contour du support à gâteau.

La porte

Créez une porte marron foncé avec l'emporte-pièce et donnez lui un aspect bois avec le « scalpel ».

Pour réaliser les attaches de la porte, découpez deux petites bandes blanches, en faisant une entaille à l'une des extrémités.

Bombez avec le spray or, laissez sécher puis collez sur la porte.

Avec le feutre noir, faites des petits points pour créer les boulons.

Pour créer la poignée, utilisez le gabarit (page 126), puis bombez de spray or.

Avec deux petites pastilles blanches créez les yeux, dessinez un point avec un feutre noir et collez.

Pour le nez, collez une boule dorée.

Pour la bouche, prenez un bout de pâte à sucre blanche, faites un trou à l'aide de l'outil « pointu » et insérez une petite boule fuchsia puis collez le tout sur la porte.

Les décorations

La bouteille

Formez une poire blanche. Placez une boule marron foncé pour créer le bouchon.

Pour l'étiquette, découpez un rectangle blanc et écrivez avec le feutre noir, puis collez.

Les touffes d'herbe

Prenez un morceau de pâte à sucre verte et avec une douille dentelée, piquez la pâte.

Les fleurs

Découpez de la pâte à sucre de différentes couleurs avec un emporte-pièce à piston.

Saupoudrez de paillettes rose pastel puis collez.

Les roses

Réalisez des roses blanches (page 44).

Une fois sèches, peignez-les en rouge.

Le gâteau

Aplatissez trois boules de pâte à sucre jaune pastel, chair et bleu lagon et superposez-les.

Découpez un rond blanc, puis recouvrez le petit gâteau.

Avec le « scalpel » faites des parts de gâteau.

Créez un effet « génoise » avec un cure-dent et collez des petites boules fuchsia sur le gâteau.

La théière

Prenez une boule et deux pastilles blanches, puis collez-les ensemble.

Faites un petit boudin pour le manche et un plus épais pour le bec verseur, puis collez.

Placez une petite boule dorée sur le haut de la théière et peignez les contours.

Pour finir, collez un sucre cœur rouge et saupoudrez de paillettes.

Les tasses

Prenez des boules de pâte à sucre de couleurs et creusez-les avec l'outil « petite boule ».

Avec un boudin créez le manche et collez.

Avec une pastille créez la soucoupe et collez-la sous la tasse.

La nappe

Découpez un carré jaune pastel.

À l'aide d'un emporte-pièce dentelle, réalisez des petites formes sur les bords.

Puis collez la nappe sur le dessus du gâteau.

Le chapeau

Façonnez un rond et un cône vert et collez.

Aplatissez le cône pour le haut du chapeau.

Découpez une petite bande rose pour créer le ruban.

Pour la carte, découpez un petit rectangle blanc.

La montre

Découpez un rond épais blanc et un disque plus petit et plus fin à l'emporte-pièce.

Façonnez un petit rectangle épais blanc, puis collez-y une petite boule et un petit boudin blanc.

Collez le tout sur le haut de la montre.

Dorez le tout avec le spray or et laissez sécher avant de coller le petit disque blanc.

Dessinez les chiffres au feutre noir.

Le lapin

Le corps

Faites une boule bleu pastel.

Découpez un petit carré jaune pastel.

Sur un des côtés, faites une incision en forme de triangle puis coupez le carré en deux.

Collez les deux bandes obtenues sur le devant du corps.

Créez et collez les boutons avec deux petites boules jaune pastel.

Le gilet

Découpez le gilet en fuchsia, en suivant le gabarit (page 126).

Les bras et les mains

Faites deux boudins fuchsia et à une extrémité du boudin collez une petite boule blanche puis collez.

Les pattes

Façonnez deux boules blanches en forme de goutte d'eau.

Avec l'outil « grosse boule » enfoncez légèrement le centre et sur la partie la plus large créez deux entailles et collez-les sur le bas du corps.

Le col

Pour faire le col jaune pastel, utilisez le gabarit (page 126).

La tête

Prenez une boule de pâte à sucre blanche et donnez-lui la forme d'un œuf.

Faites les sourcils et les yeux en noir. Découpez deux pastilles bleu pastel pour les lunettes et une boule fuchsia pour le nez.

Pour la bouche, collez une forme ovale blanche, creusez un trou et une fois sec coloriez avec un feutre rose.

Faites les cheveux et la moustache avec des petits boudins blancs puis collez.

Créez les oreilles en découpant quatre formes de feuille.

Superposez-les et collez.

Enfin réalisez un petit nœud noir et collez au niveau du coup.

Alice

Les jambes

Façonnez deux boudins blancs.

À une extrémité affinez le boudin pour créer la cheville puis redressez le pied.

Pour la chaussure, faites deux petits boudins noirs et avec l'outil « petite boule » créez l'intérieur de la chaussure. Collez une petite bande de pâte à sucre noire sur le dessus du pied pour créer la lanière de la chaussure.

Collez les jambes sur le gâteau.

La robe

Pour créer la partie basse de la robe, étalez de la pâte à sucre blanche finement et à l'aide de l'emporte-pièce rond dentelé, découpez-y deux formes, superposez-les pour créer le jupon.

Essayez de les placer de manière à obtenir du volume, puis collez-les sur les jambes.

Étalez de la pâte à sucre bleu pastel finement puis découpez-la avec un emporte-pièce rond.

Collez ce disque sur le jupon blanc.

Le buste

Façonnez un boudin de pâte à sucre bleu pastel. Plantez un cure-dent dans le buste puis piquez-le sur le jupon.
Pour le tablier, étalez de la pâte à sucre blanche puis, découpez deux rectangles.
Collez le plus grand rectangle sur le buste et le plus petit sur la jupe.
Pour les bretelles et la ceinture de tablier, découpez des bandelettes blanches et collez.
Attachez le tablier à l'arrière avec un nœud.

Les manches et les bras

Pour les manches et les bras reprenez la méthode (pages 56 et 72).

La tête

Pour le cou, faites une boule légèrement allongée de pâte à sucre blanche teintée avec un peu de colorant en gel pêche et collez.
Découpez deux petites bandes de pâte à sucre bleu pastel et collez pour créer le col.
Pour la tête, reprenez la méthode (page 72).
Pour faire la langue, collez une petite boule de pâte à sucre fuchsia.
Pour les cheveux, créez des petits boudins de pâte à sucre jaune pastel et enroulez l'extrémité pour faire les boucles.
Refaites la même opération pour chaque mèche et collez-les du bas vers le haut de la tête.
Prenez une petite bande noire pour le serre-tête et faites un petit nœud puis collez.

Une banquise enchantée

matériel

- Pâte à sucre blanche, rose, bleu pastel, bleu lagon, rouge, marron clair, noir, jaune
- Colorant en gel turquoise
- Colorants en poudre marron, rose pastel
- Colle alimentaire
- Paillettes alimentaires rose pastel, blanches
- Cure-dents
- Emporte-pièces à piston flocons de neige
- Rouleau
- Feutre alimentaire noir
- Ciseaux
- Outils de modelage
- Pinceaux
- Candy melts blanc
- Bâtonnets roses
- Confettis en sucre rose

La base

Recouvrez le support à gâteau en blanc et les gâteaux en bleu ciel.
Enfoncez quatre bâtonnets dans le gâteau du bas (pages 19 à 22).
Pour finir, collez un ruban bleu ciel sur le support.

La banquise

Découpez les bords de la pâte à sucre blanche étalée en formant une vague et collez-la.

Les décorations

Les flocons de neige

Créez des flocons de neiges blancs avec l'emporte-pièce, puis collez-les.

Le panier

Faites un rectangle marron clair et creusez-le avec l'outil « grosse boule » puis affinez les bords avec l'outil « petite boule ».
Faites deux petites torsades marron clair (page 78) pour le contour et l'anse du panier, laissez sécher l'anse en insérant un essuie-tout enroulé à l'intérieur.
Pour l'aspect tressé du panier avec le « scalpel » faites de légers traits.

Le poisson

Utilisez la méthode (page 62).

Les boules de neige

Formez des petites boules blanches et saupoudrez-les de paillettes.

Le lac

Pour réaliser les contours du lac, façonnez un boudin blanc et aplatissez les bords au doigt.
Pour l'eau du lac, découpez un rond bleu pastel puis collez-le sur votre gâteau.
Sur ce rond, disposez un mélange de colle et de colorant en gel bleu.
Avec un cure-dent étirez pour faire des vagues.

La canne

Prenez un cure-dent et recouvrez-le de pâte à sucre marron foncé et attachez un fil de couture à l'une des extrémités pour créer le fil de pêche.

L'ours polaire

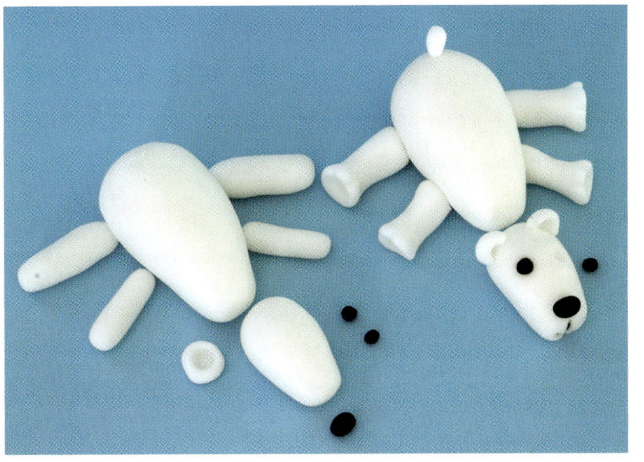

Le corps

Façonnez une poire blanche.

Sur l'extrémité plus fine, plantez un cure-dent et laissez-le dépasser pour y planter la tête dessus.

La queue

Collez une petite boule de pâte à sucre blanche.

Les pattes

Pour les pattes, faites quatre boudins blancs dont deux fins.

Sur l'une des extrémités, enfoncez l'outil « grosse boule » pour l'intérieur, puis arrondissez les bords avec vos doigts et faites deux entailles pour les doigts.

Disposez-y du colorant en poudre rose pastel.

Collez-les.

La tête

Façonnez une boule blanche légèrement étirée sur le devant.

Définissez l'emplacement des yeux avec l'outil « grosse boule » et insérez une boule noire.

Créez la bouche avec l'outil en forme de U.

Pour le nez collez une boule noire.

Dessinez les sourcils et l'intérieur de la bouche avec un feutre noir.

Pour les oreilles, prenez une boule blanche, aplatissez-la légèrement puis avec l'outil « grosse boule » creusez un peu.

Coupez la boule obtenue en deux puis collez-les sur la tête.

Plantez la tête sur le cure-dent.

Colorez les oreilles et les joues en rose.

Le pingouin

Le corps

Donnez une forme d'œuf à votre pâte à sucre noire.
Étalez de la pâte à sucre blanche, puis découpez une forme ovale avec un emporte-pièce, puis collez-le sur le devant du corps.

Les pieds

Façonnez deux petits triangles légèrement épais en pâte à sucre jaune.
Avec l'outil « petite boule » en appuyant, créez le centre de la patte.
Avec l'outil « scalpel », créez deux entailles sur la partie la plus large.
Collez-les sur le corps.

Les bras

Prenez deux boudins de pâte à sucre noire, aplatissez-les légèrement avec vos doigts, puis à une extrémité affinez pour obtenir une pointe.
Refaites la même opération avec de la pâte à sucre blanche, puis collez le bras obtenu sur le bras noir pour créer le dessous du bras.
Collez les bras sur le corps avec le côté blanc vers l'intérieur.

La tête

Faites une boule de pâte à sucre noire, et avec l'outil « grosse boule » façonnez une forme de U.

Étalez de la pâte à sucre blanche et avec le gabarit (page 126), découpez la forme du visage.

Placez cette forme sur la boule noire.

Faites les yeux avec deux boules de pâte à sucre noire et placez-y deux minuscules bouts de pâte à sucre blanche.

Pour réaliser le bec, façonnez deux petits triangles épais avec de la pâte à sucre jaune et collez-les sur la tête de manière à former un bec légèrement ouvert.

Plantez un cure-dent dans la tête, puis piquez-le sur le corps.

Mettez un peu de colorant en poudre rose pastel sur les joues avec un pinceau.

Les vêtements

Pour le cache-oreilles coupez une bande de pâte à sucre rose, placez-la au-dessus de la tête et collez aux extrémités deux boules de pâte à sucre bleu lagon.

Pour l'écharpe, coupez une grande bande de pâte à sucre bleu lagon et à chaque extrémité coupez la pâte pour faire des franges avec l'outil « scalpel ».

Disposez-la autour du cou du pingouin.

Vous pouvez maintenant coller le pingouin sur le gâteau.

Le phoque

Le corps

Prenez un boudin blanc.

Pour faire la queue, à une extrémité, coupez le boudin en deux puis séparez et arrondissez les bords des deux parties avec vos doigts.

Surélevez la partie haute du corps afin de lui donner une légère position en L.

Insérez dans le haut du corps un cure-dent et laissez-le dépasser pour pouvoir piquer la tête.

Les pattes

Reprenez la méthode du pingouin ci-dessus.

Inversez le collage des bras, collez la partie fine des bras sur le haut du corps.

La tête

Faites une boule blanche.

Pour les yeux, voyez ceux du pingouin page 121.

Pour la bouche, créez un trou et disposez du colorant en poudre marron tout autour.

Placez une boule rose et un petit carré blanc afin de créer la langue et les dents.

Pour le nez faites un triangle noir épais et placez deux petites pastilles blanches juste en dessous.

Disposez du colorant en poudre rose pastel sur les joues.

Le bonnet

Créez un bonnet bleu lagon (page 56) ainsi qu'une bande et une boule rose pour le pompon.

Faites l'aspect « rayé » au couteau.

Le sapin

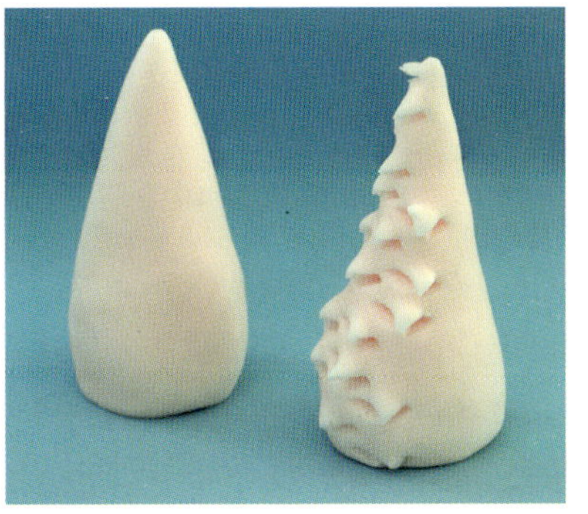

Façonnez des cônes de différentes tailles avec de la pâte à sucre rose, puis étirez bien la pointe.

Enfoncez complètement un cure-dent dans la partie basse du sapin pour éviter qu'il ne s'affaisse.

Avec des ciseaux, faites des entailles sur toute la surface du cône, puis avec un cure-dent surélevez les pointes des entailles pour donner la forme des branches.

Collez les sapins, puis saupoudrez-les de paillettes alimentaires rose pastel.

Cake Pops tête d'ours

Réalisez des cake pops ronds selon la recette indiquée (page 37), coupez en deux une pistole de candy melts blanc afin de créer les oreilles de l'ours. Trempez-les dans un peu de candy melts fondu et collez-les sur le cake pops.

Recouvrez votre cake pops de candy melts blanc puis laissez sécher avant de décorer.

Faites les yeux et le nez avec des boules de pâte à sucre noire.

Et le museau avec un rond de pâte à sucre blanche.

Avant de coller le museau, collez un petit confetti rose en sucre pour créer la langue.

Les gabarits

Col du lapin

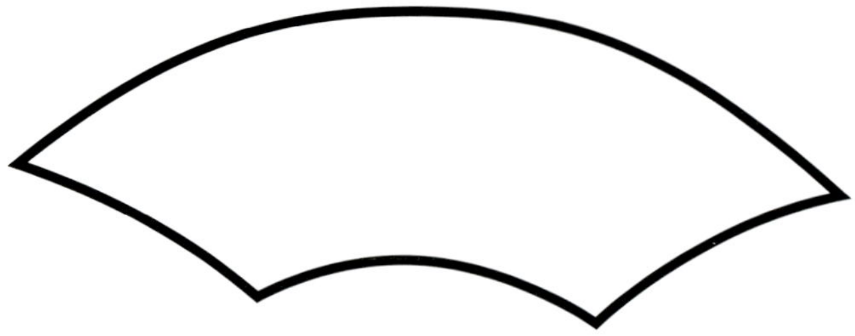

Porte cupcake

Poignée de porte

Veste du lapin

Tête du pingouin

Ailes du dragon

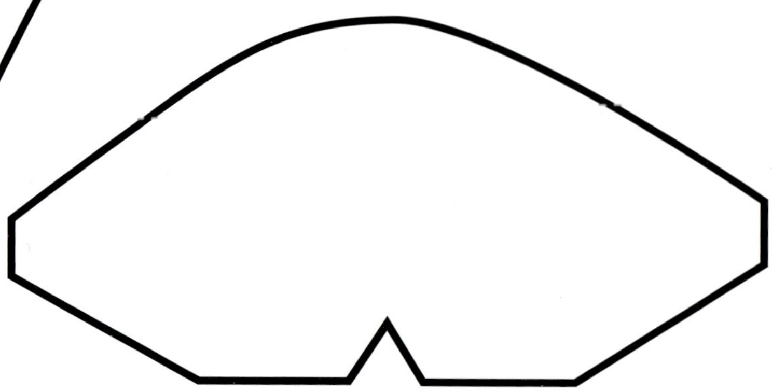

Gilet du pirate